도서출판
십자가사랑의 길

1. 십자가사랑의 책

도서출판 십자가사랑의 책을 통하여 예수 그리스도의
십자가사랑이 전파되며, 진실된 복음이 전 세계 만방에 펼쳐지길 원합니다.

2. 십자가사랑의 재정

도서출판 십자가사랑의 재정은 선교와 구제와 교회를 세우고
복음을 전하는데 사용되어지길 원합니다.

3. 십자가사랑의 사역

도서출판 십자가사랑은 하나님의 마음으로 정직하며
불의를 행하지 않는 기독교 기업으로 성장하길 원합니다.

주어진 권세로
영적세대를
정복하라

2

주어진 권세로
영적 세계를 정복하라 · 2

초판 3쇄 발행 2017. 5. 1.

지은이   권기성
펴낸이   황인애
북디자인   공간42 이용석

펴낸곳   도서출판 십자가사랑
등록번호   제 379-2014-000080호(2014. 8. 13.)
주 소   서울 성북구 성북 1동 179-56
전 화   070-7553-0123
홈페이지   www.crosslove.co.kr
ISBN   979-11-953406-2-0

책 값   뒤표지에 있습니다.

잘못 만들어진 책은 교환해 드립니다.

하나님의 사람들 시리즈 3

주어진 권세로
영적세계를 정복하라

권기성 지음

2

with Jesus power
Rule over spirit world

십자가사랑

프롤로그

보이는 세계보다
더 큰 보이지 않는 영적 세계

고등학교 때 성경을 읽다가 깜짝 놀란 적이 있습니다. 누가복음 16장에 있는 부자와 나사로의 이야기를 읽을 때였습니다. 지옥에 있던 부자가 말했습니다.

> "불러 이르되 아버지 아브라함이여 나를 긍휼히 여기사 나사로를 보내어 그 손가락 끝에 물을 찍어 내 혀를 서늘하게 하소서 내가 이 불꽃 가운데서 괴로워하나이다"(눅 16:24, 개정)

이 이야기를 읽을 때 묻혀 있던 기억이 선명하게 떠올랐기 때문입니다.

아버지는 초등학교 5학년 때 돌아가셨습니다. 자살하셨습니다. 당시에는 가족들이 예수님을 믿지 않았기 때문에 제사를 지냈습니다. 매번 제사 때마다 '아버지의 영'(귀신)이 어머니에게 입신하여 우리에게 나타났습니다. 사도 바울은 제사를 통해 귀신과 교제하지 말라(고전 10:20)고 했지만, 우리 가족은 예수 믿기 전에 몇 년 동안 귀신과 교제하는 삶을 살았습니다. 그런데 그 당시 귀신과 교제할 때 들었던 놀라운 이야기가 있었습니다. 그것은 지옥에 관한 이야기였습니다. 귀신은 지옥에 대해 많은 이야기를 해 주었습니다. 그 중에 하나가 지옥에서 죽은 자들이 불꽃 가운데서 고통받는 이야기였습니다. 또한 지옥에서 죽지 않는 구더기 이야기(막 9:48)도 해 주었습니다. 그러나 나는 이것을 기억으로 남겨 놓았을 뿐 믿지는 않았었습니다.

나중에 가족들은 예수를 믿었고, 제사를 통한 귀신과의 교제도 완전히 사라졌습니다. 그런데 부자와 나사로의 이야기가 나의 오래 전 기억을 선명하게 떠오르게 한 것입니다.

귀신에게 들었던 지옥의 이야기를 성경을 통해 발견한 것입니다!

나는 예수님을 믿기 전부터 영적인 존재들에 대한 체험들이 있었습니다. 예수님을 믿기 전부터 귀신의 존재도 알았고, 영적 세계에 대해서도 알았습니다. 그래서 인지 하나님은 내가 예수님을 믿고 난 후에 오히려 더 많은 영적 세계를 알게 하셨고 체험하게 하셨습니다.

성령과 성경의 세계를 통해 '사람의 영적 세계', '악령의 영적 세계', '성령의 영적 세계'를 더 깊게 알게 하시고 체험케 하셨습니다.

보이는 세계보다 더 큰 보이지 않는 영적 세계를 성령과 성경의 계시들을 통해 알고 체험하게 하신 것입니다.

나는 지금껏 한 번도 책을 출간한 적이 없습니다. 책을 낼 만한 능력도 되지 않습니다. 그러나 하나님께서는 그 동안 내 삶에서 체험한 영적 세계의 것들과 하나님께서 성령과 성경의 계시로 보여 주신 것들을 책을 통해 하나님의 백성들과 함께 나누길 원하셨습니다.

그래서 이렇게 부족하고 능력없는 자가 말씀에 순종하여 책을 집필하게 되었습니다.

이 책을 내놓으면서 오로지 원하는 것이 있다면 하나님만이 드러나길 간절히 원하는 것입니다. 또한 이 책을 통해 많은 하나님의 백성들이 영적 세계를 알고 체험함으로 하나님의 세계에 더 가까이 다가가기를 원합니다.

2014년 7월 22일
주안에서
권 기 성

2권 차례

C O N T E N T S

Part 1 악령의 영적 세계

'사탄의 존재와 공격'

1장 사탄과 지옥의 기원 • 013

2장 사탄의 과거 현재 미래의 모습 • 025

3장 사탄의 조직과 체계 • 039

4장 하나님 나라 vs 사탄이 악한 영역을 확장하는 수단 • 057

5장 믿는 자들을 향한 악한 영들의 공격 • 077

6장 영적 세계의 원리 '사울과 신접한 여인' • 129

7장 악한 영들의 견고한 진을 파쇄하기 • 151

Part 2 성령의 영적 세계

'성령의 사역'

1장 성령님은 어떤 분이신가? • 175

2장 심령이란 무엇인가? • 185

3장 성령하나님의 음성 • 191

4장 하나님의 권능과 은사에 대하여 • 213

part 3 사람의 영적 세계

'성장하는 그리스도인들을 위한 지침'

1장 성장하는 그리스도인이 가져야 할 것 '선한 두려움' • 241
2장 성장하는 그리스도인이 가져야 할 '고난'에 대한 이해 • 251
3장 성장하는 그리스도인이 싸워야 할 적 '교만' • 265
4장 성장하는 그리스도인의 '감정처리' 방법 • 271
5장 성숙한 그리스도인의 증거 '영적 분별력' • 285
6장 성숙한 그리스도인의 열매 '순종' • 301

1권 차례

Part 1 살아 오면서 경험했던 영적 세계 이야기

1장 살아오면서 경험했던 특이했던 영적 존재에 대한 체험 | 2장 더 깊은 영적 세계로의 진전

Part 2 사람의 영적 세계

'영혼육'

1장 인간의 영과 혼과 육 | 2장 영의 사람이 되기 위하여 거쳐야 할 단계 | 3장 천국과 지옥, 영혼과의 관계 | 4장 성경적 관점에서의 이분설과 삼분설

Part 3 악령의 영적 세계

'사탄의 공격'

1장 사탄의 공격과 믿는 자들에게 주어진 영적 무기 | 2장 신자와 귀신들림 / 귀신의 공격과 영적 원리들

part 4 성령의 영적 세계

'성령의 양육'

1장 성령님이 우리를 성장시키는 단계별 방법

Part 1

악령의 영적 세계
'사탄의 존재와 공격'

1장

사탄과
지옥의 기원

우리는 사탄, 귀신이라는 단어를 수시로 사용하고 있지만 정작 악한 영들이 실제로 존재한다는 것은 잘 믿지 않습니다. 그리스도인 중에도 사탄의 존재를 믿지 않는 사람들이 있습니다. 혹여 믿는다할지라도 성경 속에서만 볼 수 있는 존재라고 치부합니다. 그러나 그렇지 않습니다. 영안이 열려 귀신을 실상으로 보게 된다면 하늘의 별처럼 헤아릴 수 없이 많은 귀신의 숫자에 기겁할 것입니다. 악한 영들은 우리가 상상하는 것보다 그 수가 훨씬 많으며 믿든 믿지 않든 상관없이 악한 영들은 분명히 존재합니다. 악한 영은 사람들을 파괴하며 하나님과의 관계를 단절시켜 하나님을 떠나게 할 목적을 가지고 우리를 괴롭히고 있습니다. 이 번 장에서는 이 악한 영의 기원에 대해 살펴보고자 합니다.

1. 사탄의 기원

하나님은 태초에 우주와 천지를 창조하셨고 그 후에 인간도 창조하셨습니다. 창세기 1장과 2장은 천지 창조와 인간 창조에 대한 기록입니다. 그런데 주목할 것은 하나님이 천지만물을 창조하기 전에 '이미 이전에 창조한 피조물들'이 있었다는 것입니다. 바로 '천사들'입니다.

하나님은 에덴동산을 만드시고 아담과 하와가 그 곳에서 하나님의 자녀로서 특권을 누리고 살도록 하셨습니다. 아담과 하와를 위해 아름다운 자연 만물도 만드셨습니다. 그러나 하나님은 아담을 창조하기 이전 하나님의 사역을 돕기 위해,[1] 사람을 섬기기 위해[2] 천사의 존재를 미

---

1) "그에게 수종 들며 그의 뜻을 행하는 모든 천군이여 여호와를 송축하라"(시 103:21, 개정)
2) "모든 천사들은 섬기는 영으로서 구원 받을 상속자들을 위하여 섬기라고 보내심이 아니냐"(히 1:14, 개정)

리 창조하셨습니다. 인간이 창조되기 전부터 존재했던 천사는 아름답고 거룩한 존재였습니다. 오로지 하나님 나라의 영광을 위해 섬기며 순종하며 찬양하며 예배하기 위하여 창조된 거룩한 영적인 존재였습니다. 그러나 세상과 인간이 창조되기 전에 천상의 세계에서 놀라운 사건이 발생했습니다. 바로 천사장 루시퍼[3]가 타락하여 하나님보다 높아지고자 하는 교만한 마음이 생긴 것입니다.

> "아침의 아들, 오 새벽별(계명성)이여, 네가 하늘에서 떨어졌구나. 옛날에는 세계 모든 민족이 네 앞에서 엎드려 절하더니, 이제는 네가 땅바닥에 나뒹굴고 말았구나. 너는 마음속으로 '내가 하늘로 올라가 내 보좌를 하나님의 별들보다 더 높은 곳에 두겠다. 또 내가 신들의 거룩한 산 위에 자리를 잡고 앉겠다. 구름 꼭대기까지 올라가 가장 높으신 하나님과 같아지겠다'라고 하더니, 이제 너는 무덤 속으로, 죽음의 세계 밑바닥으

---

3) 우리는 루시퍼가 사탄이 되었다고 말합니다. 그러나 성경은 그 사탄의 이름이 '루시퍼'라고는 정확히 말하지 않습니다. '루시퍼'라는 이름은 실제로는 이사야 14장 12절에 나오는 '계명성(금성)'을 라틴어로 번역한 말입니다. 그리고 '사탄=루시퍼'라는 말은 중세 시대가 되서야 사람들에게 각인되기 시작했습니다. 중세 시대였던 14세기의 이탈리아의 시인 단테가 그의 작품 '신곡'(Dvine Comedy)에서 '타락한 천사 루시퍼' 이야기를 먼저 문학적으로 풀어냈습니다. 그리고 3세기가 지난 17세기에 존 밀튼(John Milton)에 의해 '실낙원' 쓰여 졌는데, 이 작품을 통해 사람들의 머릿속에는 '타락한 천사장=루시퍼'라는 생각이 자리를 잡기 시작한 것입니다. 그러므로 루시퍼는 사탄을 지칭하는 고유 명사로 성경에 직접 기록된 이름이 아니며, 이사야 14장 12절의 '계명성'이라는 단어가 라틴어로 번역되어 불린 것이라는 것을 기억해야 합니다.

로 떨어졌구나."[4] (사 14:12-15, 쉬운)

사실 타락하기 전의 천사장 루시퍼는 천사들의 지휘권을 가진 아름다운 존재였습니다. 이 루시퍼에게 교만한 마음이 생겨 타락한 것입니다. 문제는 타락이 루시퍼에서만 멈추지 않았다는 것입니다. 원래 천상에 있는 모든 천사는 하나님께 순종하는 존재입니다. 하지만 천사들 중 루시퍼나 가브리엘이나 미가엘은 천사장으로 '그들이 다스리는 천사들'이 있었습니다. 이 천사들은 자신의 관할 천사장의 통치를 받게 됩니다. 그런데 천사장 루시퍼가 교만한 마음으로 타락하게 되자, 루시퍼를 따르던 천사들도 같은 타락의 선상에 서게 된 것입니다. 루시퍼의 명령에 따라 움직이는 천사들이었기 때문입니다. 결국 루시퍼와 타락한 천사들이 '하나님의 대적자'로 서게 된 것입니다. 이것이 바로 사탄과 마귀와 귀신의 기원입니다.

---

4) "너 아침의 아들 계명성이여 어찌 그리 하늘에서 떨어졌으며 너 열국을 엎은 자여 어찌 그리 땅에 찍혔는고 네가 네 마음에 이르기를 내가 하늘에 올라 하나님의 뭇 별 위에 내 자리를 높이리라 내가 북극 집회의 산 위에 앉으리라 가장 높은 구름에 올라가 지극히 높은 이와 같아지리라 하는도다 그러나 이제 네가 스올 곧 구덩이 맨 밑에 떨어짐을 당하리로다" (사 14:12-15, 개정)

2. 지옥의 기원과 우리가 지옥에 떨어지는 이유

지옥도 천지가 창조되기 전부터 있었습니다. 세상이 창조되기 전에 이미 천상에서는 루시퍼의 타락이 있었고, 그 죄로 말미암아 루시퍼와 그를 따르는 타락한 천사들은 천상에서 내쫓김을 당하게 됩니다. 이들을 가두기 위해 만들어진 곳이 바로 지옥입니다.

> "하나님이 범죄한 천사들을 용서하지 아니하시고 지옥에 던져 어두운 구덩이에 두어 심판 때까지 지키게 하셨으며" (벧후 2:4, 개정)

> "또 원편에 있는 자들에게 이르시되 저주를 받은 자들아 나를 떠나 마귀와 그 사자들을 위하여 예비된 영원한 불에 들어가라" (마 25:41, 개정)

거룩한 천국은 죄가 거할 수 없는 공간이므로 하나님은 타락한 루시퍼와 그를 따르는 무리들을 천상에서 내치신 것입니다. 이 타락한 악한 천사들을 가두기 위해 지옥을 창조하신 것입니다. 이 때 타락한 루시퍼를 따랐던 천사의 3분의 1도 지옥으로 내쫓겼습니다. 지옥은 타락한 천사들을 가두기 위해 하나님이 만든 것이지 사탄이 자신의 능력으로 만든 곳이 아닙니다. 하나님은 하나님을 대적한 죄 값을 치르도록 하기 위해 지옥을 창조하신 것입니다.

그런데 왜 사탄을 가두기 위해 만들어진 지옥에 사람들이 가게 되는 것일까요?

그것은 바로 '죄' 때문입니다.

하나님이 인간을 창조하실 때는 천국(에덴)에서 영원히 살도록 창조하셨습니다. 하나님의 자녀(인성)로서 그 권세와 통치권(신성)을 누리면서 살도록 말입니다. 그러나 아담과 하와는 사탄의 유혹으로 타락하면서 두 가지 큰 죄를 저지르고 말았습니다.

첫 번째는 죄는 '교만'입니다.

> "너희가 그것을 먹는 날에는 너희 눈이 밝아져 하나님과 같이 되어 선악을 알 줄 하나님이 아심이니라"(창 3:5, 개정)

사탄이 하나님과 같이 될 수 있다는 말로 하와를 유혹하며 부추겼습니다. 그런데 하와는 유혹하는 사탄을 대적한 것이 아니라 오히려 받아들였고 결국 선악과를 따먹습니다. 하와 마음에 '하나님 같이 되고자 하는 교만'이 싹튼 것입니다. 이것이 바로 하와가 저지른 첫 번째 죄인 교만입니다. 교만이야말로 모든 죄악의 시작이자 뿌리라고 할 수 있습니다.

두 번째 죄는 '하나님의 말씀에 불순종(대적)'한 것이었습니다.

"선악을 알게 하는 나무의 열매는 먹지 말라 네가 먹는 날에는 반드시 죽으리라 하시니라" (창 2:17, 개정)

"여자가 그 나무를 본즉 먹음직도 하고 보암직도 하고 지혜롭게 할 만큼 탐스럽기도 한 나무인지라 여자가 그 열매를 따먹고 자기와 함께 있는 남편에게도 주매 그도 먹은지라" (창 3:6, 개정)

하나님은 아담과 하와에게 선악과를 따 먹는 것을 금하셨습니다. 그런데 하와가 선악과를 따먹음으로서 불순종을 한 것입니다. 불순종으로 '하나님을 대적'한 것입니다.

이것이 아담과 하와의 타락에 숨어 있는 두 가지 죄입니다.
첫 번째는 마음의 '교만'이요, 두 번째는 '불순종을 통해 하나님을 대적한 것'입니다.

그런데 이 두 가지는 이미 사탄[5]인 루시퍼가 하나님께 저질렀던 죄들입니다(사 14:12-15). 이 죄들 때문에 사탄이 지옥에 던져진 것입니다. 그래서 우리가 이런 죄들을 지을 때 사탄은 권리를 가지고 사람들을 지옥으로 끌고 가는 것입니다! 하나님은 인간들을 위해 지옥을 만들지 않았지만 죄가 그 사람을 지옥으로 끌고 가는 것입니다. 그러나 하나님은 사람들이 지옥에 떨어지길 원치 않으십니다. 그래서 이 문제를 해결할 열쇠들을 주셨습니다.

첫 번째가 바로 '제사를 통한 하나님과의 관계 회복'이었습니다.

아담과 하와의 타락으로 하나님과의 관계가 단절되었지만 제사를 통해 다시 회복되도록 하셨습니다. 이것이 가인과 아벨이 하나님께 제사를 드렸던 이유입니다.

두 번째로는 구약의 '율법'을 통해 '하나님 앞에 올바로 서는 방법'을 가르쳐 주셨습니다. 율법을 통해 죄가 무엇인지를 깨닫게 하시고 하나님 앞에 어떻게 거룩하게 서야 하는지를 가르쳐 주셨습니다.

마지막으로 신약 시대에는 창세기에서 이미 약속하셨던 대로[6] '예수

---

5) 사탄 : '하나님의 대적자'
6) "내가 너로 여자와 원수가 되게 하고 네 후손도 여자의 후손과 원수가 되게 하리니 '여자의 후손'(예수 그리스도)은 네 머리를 상하게 할 것이요 너는 그의 발꿈치를 상하게 할 것이니라 하시고"(창 3:15, 개정)

그리스도를 통한 구원의 길'을 여셨습니다.

"네가 만일 네 입으로 예수를 주로 시인하며 또 하나님께서 그를 죽은 자 가운데서 살리신 것을 네 마음에 믿으면 구원을 받으리라"(롬 10:9, 개정)

2장

사탄의
'과거, 현재, 미래'의 모습

앞 장에서 '사탄과 지옥의 기원'에 대해 살펴보았습니다. 이번 장에서는 사탄의 과거, 현재의 모습과 미래에는 어떤 모습으로 우리에게 자신을 드러낼 것인지에 대해 말씀 드리겠습니다. 우리는 사탄에 대해 막연한 두려움이 가지고 있지만 사탄의 실체를 알게 된다면 담대하게 싸울 수 있게 될 것입니다.

1. 과거의 사탄의 모습 : '유혹자'

창세기 3장에 처음 등장했던 사탄은 '유혹자'의 모습이었습니다.

> "그런데 뱀은 여호와 하나님이 지으신 들짐승 중에 가장 간교하니라 뱀이 여자에게 물어 이르되 하나님이 참으로 너희에게 동산 모든 나무의 열매를 먹지 말라 하시더냐" (창 3:1, 개정)

창세기에서 사탄은 간교한 뱀의 모습으로 등장했는데 계시록에서는 용의 모습으로 묘사됩니다(계 12:9). 뱀이 용으로 변화되었다는 것은 사탄이 그만큼 강력해졌음을 말하는 것입니다. 그러나 에덴동산에서 처음 등장했던 사탄은 단지 '유혹자'에 불과했습니다. 이때 하와가 유혹하는 뱀을 사정없이 밟아 버렸다면 사탄은 더 이상 아무것도 행할 수 없었을 것입니다.

그러나 이와는 정반대로 하와는 결국 뱀의 유혹에 빠졌고 타락하여 하나님이 주신 권세를 사탄에게 빼앗기고 말았습니다. 원죄를 통해 사탄이 교두보를 확보한 것입니다.

오래전 어떤 분이 이런 우스갯소리를 한 적이 있습니다.
"만약 하와에게 한국인의 피가 섞여 있었다면 절대 뱀의 유혹에 넘어가지 않았을 것입니다." 그래서 그 이유를 물었더니 하와에게 한국인의 피가 섞여 있었다면 선악과를 따먹는 것이 아니라 오히려 뱀을 잡아 남편에게 몸보신용으로 주었을 것이라고 해서 웃었던 기억이 있습니다.

사탄은 처음 우리에게 접근할 때는 이렇게 '유혹자'로 접근합니다. 더럽고 죄 된 생각을 넣어주며 부추기며 유혹합니다. 만약 우리가 이 단계에서 더러운 생각을 무시하거나 '사탄아! 물러가라!'하며 대적한다면 사탄은 더 이상 아무런 일도 행할 수 없게 됩니다. 그러나 반대로 사탄이 넣어준 생각으로 유혹에 빠지게 되면 사탄은 그 통로를 통해 더 깊이 침투해 들어옵니다. 그리고 세력을 넓히며 서서히 그 사람을 지배해 갑니다. 이것이 사탄이 인간을 통해 세력을 확장하는 방법입니다.

2. 현재의 사탄의 모습 : '용, 세상의 신'

뱀의 모습이었던 사탄은 이제 '용의 모습'으로, 이 '세상의 신'으로 등장합니다.

"큰 용이 내쫓기니 옛 뱀 곧 마귀라고도 하고 사탄이라고도 하며 온 천하를 꾀는 자라 그가 땅으로 내쫓기니 그의 사자들도 그와 함께 내쫓기니라" (계 12:9, 개정)

"그 중에 이 세상의 신이 믿지 아니하는 자들의 마음을 혼미하게 하여 그리스도의 영광의 복음의 광채가 비치지 못하게 함이니 그리스도는 하나님의 형상이니라" (고후 4:4, 개정)

사탄은 창세기에서 약하고 간교한 뱀으로 나타났지만 계시록에서는 강한 '큰 용'으로 나타납니다. 또한 이 세상의 신의 모습으로 표현되기도 합니다.

그 동안 도대체 무슨 일이 있었길래 사탄의 세력이 이렇게 강력해진 것일까요?

루시퍼가 타락하기 전에는 천상에서 하나님의 영광 안에서 살았습니다. 천상에서 천사의 3분의 1을 거느리고 있었고 누구보다 하나님 곁에서 사랑받으며 특권을 누렸습니다. 그러나 루시퍼는 하나님처럼 되고 싶은 욕망으로 인해(사 14:14) 교만해졌고 타락하여 하나님을 대적하는 자가 되었습니다. 자신의 신분을 망각한 채 직무를 이탈하고 하나님을 배신한 루시퍼와 그를 따랐던 천사들은 지옥으로 떨어지게 되었습니다. 천국에서 내침당한 루시퍼는 처음에는 뱀과 같은 나약한 존재였습니다. 왜냐하면 천국에서 누리던 하나님의 영광과 권능을 다 빼앗겼기 때문입니다. 그러나 지금 사탄은 뱀과 같은 존재가 아니라 세상을 지배하는 통치자가 되었습니다.

그 시발점이 바로 하와입니다.

사탄은 하와를 유혹하면 자신이 저주를 받을 것을 이미 알고 있었습니다. 그러나 이것을 알면서도 하와를 유혹한 이유는 죄를 통해 자신이 침투해 들어갈 공간을 확보하기 위해서였습니다.

영적 세계의 원리는 명확합니다. 우리가 하나님을 갈망하며 환영하고 모셔 들인다면 우리 안에 하나님의 나라가 임하고 확장되게 됩니다. 그러나 반대로 우리가 죄의 속성들을 흡수한다면 사탄에게도 우리에 대한 지배력이 생기게 됩니다. 그리고 우리가 품은 죄와 악이 강하면 강할수록 사탄의 세력이 더 강력해지는 것입니다.

이렇게 뱀이었던 사탄이 용으로 성장된 것입니다. 누가 이렇게 만들었습니까?

사람들의 죄와 악이 사탄을 이렇게 만든 것입니다.

구약의 바벨탑 사건을 보십시오.

> "또 말하되 자, 성읍과 탑을 건설하여 그 탑 꼭대기를 하늘에 닿게 하여 우리 이름을 내고 온 지면에 흩어짐을 면하자 하였더니" (창 11:4, 개정)

사람들이 하나님을 예배하기 위하여 성읍과 탑을 건설했을까요? 그렇지 않았습니다. 탑 꼭대기를 하늘에 닿게 하여 자신들의 이름을 내자고 했습니다. 이것이 바로 하나님을 대적하는 모습이며 교만한 모습입니다. 바벨탑을 쌓고 있는 사람들의 모습 속에서도 교만하고 타락한 사탄의 모습이 나타납니다. 사탄은 이런 자들의 죄와 악을 통해 세력을 확장하며 이러한 자들을 통해 하나님을 대적케 하는 것입니다.

또한 에스겔서에 나오는 두로 왕의 모습은 어떻습니까?

> "또 여호와의 말씀이 내게 임하여 이르시되 인자야 너는 두로 왕에게

이르기를 주 여호와께서 이같이 말씀하시되 네 마음이 교만하여 말하기를 나는 신이라 내가 하나님의 자리 곧 바다 가운데에 앉아 있다 하도다 네 마음이 하나님의 마음 같은 체할지라도 너는 사람이요 신이 아니거늘"(겔 28:1-2, 개정)

두로 왕은 교만해져서 자신을 신이라고 합니다. 여기서도 동일하게 하나님보다 높아지려 하는 교만한 사탄의 모습이 두로 왕을 통해 나타납니다. 사탄은 이러한 사람들과 그들이 짓는 죄를 흡수함으로 자신의 세력과 통치력을 확장해 나가는 것입니다.

우리는 세상이 완악하며 죄악이 만연하다고 말합니다. 바꿔 말하면 그 만큼 세상에 대한 사탄의 지배력이 더 강력해졌다는 뜻입니다. 이제 사탄은 세상의 신으로 불릴 만큼 강력해진 것입니다.

3. 미래의 사탄의 모습 : '지배자' '핍박자'

이제 사탄은 우리가 대적하여 쉽게 이길 수 없을 만큼 강력해졌습니다. 지금은 이 세상의 신의 모습으로 자신을 나타내고 있지만 미래의 어느 시점에서는 강력한 사탄의 도구를 통해 자신의 정체를 선명하게 드러낼 것입니다. '지배자, 핍박자'의 모습으로 말입니다.

> "내가 보니 바다에서 한 짐승이 나오는데 뿔이 열이요 머리가 일곱이라 그 뿔에는 열 왕관이 있고 그 머리들에는 신성 모독 하는 이름들이 있더라" (계 13:1, 개정)

여기 나오는 한 짐승은 '적그리스도'를 상징하는데 용인 사탄이 이

적그리스도에게 놀라운 것들을 줍니다.

> "...용이 자기의 능력과 보좌와 큰 권세를 그에게 주었더라... 또 권세를 받아 성도들과 싸워 이기게 되고 각 족속과 백성과 방언과 나라를 다스리는 권세를 받으니" (계 13:2, 7 개정)

사탄인 용이 적그리스도에게 자신의 능력과 보좌와 큰 권세를 줍니다. 강력한 사탄의 권능을 부여하는 것입니다. 이 뿐만 아니라 각 족속과 백성과 방언과 나라를 다스리는 권세까지도 줍니다. 이 권세는 한 나라의 권세가 아니라 '온 세계에 있는 모든 나라와 각종 언어를 사용하는 민족을 지배할 권력'입니다. 이 세상을 지배하고 통치할 수 있는 권력을 사탄이 적그리스도에게 주는 것입니다. 이 적그리스도를 통해 사탄은 자신을 이 '세상의 지배자, 통치자'로 나타내는 것입니다.

또한 사탄은 이 적그리스도를 돕기 위한 거짓선지자들도 세울 것입니다.[7] 그리고 이들을 통해 세상을 지배하며 성도를 핍박하는 '핍박자'로 자신을 드러낼 것입니다(계 13장 참조).

이것이 창세기에서부터 시작하여 요한 계시록의 마지막 때에 나타날

---

7) "내가 보매 또 다른 짐승이 땅에서 올라오니 어린 양 같이 두 뿔이 있고 용처럼 말을 하더라(계 13:11, 개정)

사탄의 모습입니다. 사탄은 처음 유혹자로 나타났지만 용으로 성장했으며, 이 세상의 신이 되었습니다. 그리고 이제 마지막 때에는 적그리스도를 통해 '지배자, 핍박자'의 모습으로 자신을 드러낼 것입니다. 그러나 절대 두려워하지 마십시오. 더 중요한 것이 있기 때문입니다.

그것은 하나님이 이미 '사탄이 어떻게 될 것인가'를 그의 과거, 현재, 미래의 모습에 대해 성경에 기록해 놓았다는 것입니다. 사탄이 하나님 손바닥 안에 있다는 것입니다.

또한 하나님은 우리가 이런 사탄의 세력과 싸워 이길 수 있는 권세를 예수 그리스도를 통해 주셨습니다(약 4:7). 이 뿐만 아니라 하나님은 사탄의 종말이 어떻게 될 지도 성경에 이미 다 명확하게 기록해 놓으셨습니다.

> "나는 또 한 천사가 하늘에서 내려오는 것을 보았습니다. 그 천사는 끝없는 구덩이의 열쇠를 갖고 있었고, 손에는 큰 쇠사슬을 쥐고 있었습니다. 천사는 오래된 뱀, 곧 마귀인 용을 잡아 쇠사슬에 묶어 천 년 동안 끝없는 구덩이에 던져 넣고, 입구를 막아 열쇠로 잠가 버렸습니다. 용은 천 년이 지나기까지 세상 사람들을 더 이상 유혹하지 못하게 되었습니다. 그러나 천 년이 지나면, 그 용은 잠시 동안 풀려날 것입니다…
> …천 년이 지나면, 사탄은 감옥에서 풀려날 것입니다. 그리고는 온 세상에 있는 나라들, 곧 곡과 마곡을 꾀어 전쟁 준비를 할 것입니다. 모인 군대는 그 수가 너무 많아 바닷가의 모래 같을 것입니다. 그들은 진군하여 성도들의 진영과 하나님께서 사랑하시는 도시를 포위할 것입니다.

> 그러나 하늘에서 불이 내려와 그들을 불사를 것입니다. 그리고 그들을
> 꾀던 사탄은 짐승과 거짓 예언자와 함께 유황이 타는 불못에 던져져
> 밤낮으로 끊임없이 고통을 받을 것입니다."[8] (계 20:1-10, 쉬운)

이것이 사탄의 처참한 종말입니다. 사탄은 뱀에서 시작하여 용으로, 그리고 지배자의 모습으로 나타났다가 종말에는 하나님의 엄중한 심판을 받게 됩니다.[9] 사탄을 따른 무리들에게도 동일한 심판이 내려지게 됩니다. 그러나 하나님을 신실하게 따랐던 사람들에게는 죽음도, 슬픔도, 아픔도 없는 아름다운 결말이 마련되어 있습니다.

> "그 후, 나는 새 하늘과 새 땅을 보았습니다. 전에 있던 하늘과 땅은 사
> 라지고 바다도 없어졌습니다. 그리고 거룩한 성, 새 예루살렘이 하나님
> 이 계신 하늘로부터 내려오는 것을 보았습니다. 나는 마치 신랑을 위해
> 단장한 신부의 모습을 보는 듯했습니다. 보좌로부터 큰 음성이 들렸습니

---

8) "또 내가 보매 천사가 무저갱의 열쇠와 큰 쇠사슬을 그의 손에 가지고 하늘로부터 내려와서 용을 잡으니 곧 옛 뱀이요 마귀요 사탄이라 잡아서 천 년 동안 결박하여 무저갱에 던져 넣어 잠그고 그 위에 인봉하여 천 년이 차도록 다시는 만국을 미혹하지 못하게 하였는데 그 후에는 반드시 잠깐 놓이리라... 천 년이 차매 사탄이 그 옥에서 놓여 나와서 땅의 사방 백성 곧 곡과 마곡을 미혹하고 모아 싸움을 붙이리니 그 수가 바다의 모래 같으리라 그들이 지면에 널리 퍼져 성도들의 진과 사랑하시는 성을 두루매 하늘에서 불이 내려와 그들을 태워버리고 또 그들을 미혹하는 마귀가 불과 유황 못에 던져지니 거기는 그 짐승과 거짓 선지자도 있어 세세토록 밤낮 괴로움을 받으리라"
9) 사실 사탄을 용으로 만든 것은 인간들의 죄악인데, 하나님은 아버지로서 이 책임을 온전히 떠맡고 마지막에 이것을 해결해 주십니다.

다. "이제 하나님의 집이 사람들 가운데 있게 될 것이다. 하나님께서 사람들과 함께 계시고, 그들은 하나님의 백성이 될 것이다. 하나님께서 친히 그들과 함께 계시며, 그들의 하나님이 되어서 그들의 눈에서 모든 눈물을 닦아 주실 것이다. 이제는 죽음도, 슬픔도, 울음도, 아픔도 없으며, 모든 옛것들이 다 사라질 것이다.""[10] (계 21:1-4, 쉬운)

사탄은 과거와 비교할 수 없을 만큼 훨씬 강력해진 용으로서 이 세상의 신이 되었습니다. 미래의 사탄은 세상의 지배자요, 성도의 핍박자가 될 것입니다. 그러나 결코 두려워하지 마십시오. 우리에게는 만왕의 왕, 만주의 주되시는 군대 대장 예수님이 계시기 때문입니다. 하나님께서는 우리에게 사탄의 세력을 결박하며 대적할 강력한 영적권세를 주셨습니다. 우리가 해야 할 일은 이 모든 일을 행하실 하나님을 신뢰하며 믿고 따르는 것입니다. 하나님 안에서 신실하게 살아갈 때 사탄이 아무리 강력하게 도전해 온다 할지라도 결코 우리를 넘어뜨리지 못할 것입니다. 우리는 하나님의 자녀이며 하나님께서 그분의 장중에서 우리를 친히 보호하고 계시기 때문입니다.

---

10) "또 내가 새 하늘과 새 땅을 보니 처음 하늘과 처음 땅이 없어졌고 바다도 다시 있지 않더라 또 내가 보매 거룩한 성 새 예루살렘이 하나님께로부터 하늘에서 내려오니 그 준비한 것이 신부가 남편을 위하여 단장한 것 같더라 내가 들으니 보좌에서 큰 음성이 나서 이르되 보라 하나님의 장막이 사람들과 함께 있으매 하나님이 그들과 함께 계시리니 그들은 하나님의 백성이 되고 하나님은 친히 그들과 함께 계셔서 모든 눈물을 그 눈에서 닦아 주시니 다시는 사망이 없고 애통하는 것이나 곡하는 것이나 아픈 것이 다시 있지 아니하리니 처음 것들이 다 지나갔음이러라"(계 21:1-4, 개정)

3장

사탄의
조직과 체계

이번 장에서는 악한 영들이 어떠한 조직과 체계로서 이 세상을 지배해 나가고 있는지 살펴보겠습니다.

사탄의 조직과 체계

　마귀나 귀신에 대한 실제적인 정보가 많지 않기 때문에 귀신하면 전설의 고향의 처녀 귀신이나 여고괴담 속에 등장하는 귀신을 먼저 생각하게 됩니다. 그러나 오히려 이러한 선입견이 악한 영들에 대한 올바른 이해를 방해합니다. 귀신은 단지 사람을 놀라게 하며 무섭게 하기 위한 목적으로 만들어진 놀이동산의 조형물 같은 존재가 아닙니다. 이들은 영적세계에서 군대처럼 체계를 갖춘 조직으로서 직급과 체계에 따라 질서정연하게 움직이는 영적인 존재들입니다. 이들의 조직과 체계를 알고 있던 사도 바울은 에베소서 6장 12절을 통해 이것을 말해 줍니다.

"우리의 씨름은 혈과 육을 상대하는 것이 아니요 통치자들과 권세들과 이 어둠의 세상 주관자들과 하늘에 있는 악의 영들을 상대함이라" (엡 6:12, 개정)

위의 성경말씀에서 볼 수 있듯이 통치자들, 권세들, 이 어둠의 세상 주관자들, 하늘에 있는 악의 영들, 이것이 사탄의 조직이며 체계입니다. 이렇듯 악한 영들은 체계적인 조직을 가지고 우리를 공격하는 영적 존재들입니다. 이들의 최고 우두머리는 바로 사탄인 '루시퍼'입니다. 대장인 루시퍼를 정점으로 하여 아래와 같은 조직적인 계급 체계가 이루어집니다.

사탄의 조직

통치자들

통치자들은 사탄 아래의 높은 직급으로 나라나 권력이나 정치적 배후를 조종하고 통치하는 일'을 담당합니다.

다니엘서에서 이 악령의 통치자의 예가 나옵니다. 다니엘이 하나님께 기도하자 가브리엘이 응답을 가지고 다니엘을 찾아오려 했으나 도중에 방해하는 세력들이 있었습니다.

"그런데 바사 왕국의 군주가 이십일 일 동안 나를 막았으므로 내가 거기 바사 왕국의 왕들과 함께 머물러 있더니 가장 높은 군주 중 하나인 미가엘이 와서 나를 도와주므로 이제 내가 마지막 날에 네 백성이 당할 일을 네게 깨닫게 하러 왔노라 이는 이 환상이 오랜 후의 일임이라 하더라" (단 10:13-14, 개정)

가브리엘이 말한 바사 왕국의 군주는 당시 바사국을 조종하고 지배하던 '통치자급의 악령의 세력'을 의미합니다. 바사 왕국의 왕들과 함께 머물렀다는 말은 가브리엘이 통치자들의 악령에게 포위된 것을 말합니다. 그러자 군대 천사인 미가엘이 와서 악의 견고한 진을 파쇄하고 꺼내 주었다는 것입니다. 이 계급에 속한 통치자의 악령은 강력한 힘을 소유하고 있습니다. 그 힘이 얼마나 막강하던지 천사장 가브리엘조차도 꼼짝 못하게 할 수 있는 것입니다.

실제 나라를 주관하는 통치자들의 한 예로서 일본의 태양의 여신인 '아마데리우스 오미가미'를 들 수 있습니다. 일본 국기에 새빨간 태양이 그려져 있는데 이는 태양신을 상징하는 것입니다. 헤아릴 수 없는 많은 잡신을 섬기는 일본에서 가장 큰 신은 태양신입니다. 일본의 상당한 종교들이 태양과 관련되어 있으며 천황도 태양의 아들이란 의미를 내포하고 있습니다. 일본의 예를 통해 볼 수 있듯이 통치자급 수준의 악한 영들은 한 나라의 영적인 영역까지도 장악할 수 있습니다. 또한 통치자급의 악령은 한 나라의 영적인 흐름뿐 아니라 전쟁을 일으킬 수도 있으며,

또한 간음의 영으로 온 도시를 휩쓸 수 있는 능력을 가지고 있습니다.[11]

권세들

이 권세들은 '어떤 지역이나 조직을 장악하고 다스리는 사탄의 세력'을 말합니다. 다시 말해 어떤 도시나 지역, 조직이나 단체를 장악하고 지배하는 영들을 말합니다.

1999년 예수전도단에서 전도 여행을 할 때의 일입니다. 국내 전도 여행 중에 청주에 머물게 되었습니다. 통상의 경우 전도 여행 시에 처음 하는 일은 그 도시의 영적지도를 그리는 것입니다. 두 명씩 네 팀으로 나눠 도서관에서 관련 자료를 찾거나 역사성이 있는 핵심 지역을 찾아가거나 탐방을 통해 필요한 자료를 모았습니다. 수집한 자료들을 근거로 청주관광지도 위에 영적 지도를 그리기 시작했습니다. 그러면서 놀라운 것을 발견했습니다. 교회들이 많이 있는 지역에는 점집이 거의 없었고 반대로 점집이 운집해 있는 지역에는 교회가 별로 없었습니다. 경기도 평택의 경우도 유난히 점집이 많았는데 영적지도를 그려보니 청주와 비슷한 결과가 나타났습니다.

---

11) 이 계급의 악령의 통치자들이 직접 일으키는 것이 아니라, 통치자의 영이 심어 놓은 사탄의 도구(사람)들을 통해 이러한 것들을 일으키는 것입니다.

우리 눈에 보이지 않을지라도 영적인 세계에서는 지역을 장악하는 영적 흐름이 있습니다. 악한 권세자들은 특정 지역이나 장소, 조직을 잡고 움직입니다. 그래서 그 지역의 악령의 권세자가 강력하다면 죄나 타락을 조장시키는 것들이 더 세워지도록 합니다. 유흥가, 점집, 혹은 창녀촌 등을 포함하여 온갖 범죄가 다발적으로 일어나기도 합니다. 어떤 도시에서는 동성연애의 성향이 강하며, 어떤 지역은 다른 지역보다 탐욕의 범죄들이 더 나타나기도 합니다. 어떤 지역에서는 다른 지역에 비해 폭력과 살인의 문제가 두드러지게 발생되기도 합니다. 이것이 권세자들이 지역을 잡고 흔들 때 일어날 수 있는 일들입니다. 그러나 여기서 주목할 것은 영적인 문제가 있는 지역을 살펴보면 그 곳에는 '음부의 권세를 이길 수 있는 살아 있는 교회'[12]가 많지 않다는 것입니다. 만약 영적으로 살아 있는 교회가 그 지역에 많다면 그 지역은 점차 거룩한 땅으로 변화될 것입니다. 왜냐하면 음부의 권세에 맞서 영적전쟁을 수행할 교회가 악령의 권세를 결박하며 제압할 것이기 때문입니다.

---

12) "또 내가 네게 이르노니 너는 베드로라 내가 이 반석 위에 내 교회를 세우리니 음부의 권세가 이기지 못하리라"(마 16:18, 개정).

어둠의 세상 주관자들

주로 이 세상에서 어두움을 조성하는 악한 세력들로서 문화, 종교, 철학, 사상 등을 장악하며 지배합니다. 특정한 나라나 지역, 조직이나 단체를 집중 공격하는 권세들과 다르게 각 개인을 타락시키는 일을 수행합니다. 각종 미신, 사상, 세상 풍조, 에데올로기, 오락, 미디어, 학문 등의 분야에서 세상을 혼미케 하는 역할을 담당합니다. 이들의 주요 목적은 예수님의 복음의 진리를 왜곡하여 사람들을 미혹하는 것입니다. 진화론이 기독교의 진리를 흔들며 하나님의 창조섭리를 왜곡하는 것을 그 예로 들 수 있습니다. 악한 영들은 계속적으로 거짓을 주입시키고 두려움을 주어 결국 복음이 전파되는 일을 저지하려고 합니다. 그러므로 그리스도인들은 종교, 사상, 이념 등으로 복음의 진리에 도전하는 이 어둠의 세상 주관자들에 맞서 영적전쟁을 치러야 합니다.

하늘에 있는 악한 영들

우리가 흔히 말하는 귀신들로서 직접적으로 사람들에게 해를 가하는 존재들입니다. 이 귀신들은 기질상 여러 가지 이름으로 불릴 수 있습니다. 정욕의 영, 음란의 영, 불신의 영, 반항의 영, 무기력의 영, 미움의 영 등 귀신이 가진 기질과 속성에 따라 이름을 명명할 수 있습니다. 우리가 일반적으로 언급하고 있는 귀신들이 이 계급에 속합니다.

이것이 사도 바울이 에베소서 6장 12절에서 말한 악한 영들의 조직과 체계입니다. 이러한 악한 영들이 마치 양파처럼 대기를 감싸면서 영향력을 발휘하는 것입니다. 이것이 바로 사탄의 '견고한 진'입니다.[13]

우리는 영적 전쟁이 나와는 관계없는 먼 곳에서 이루어지는 것이라고 생각합니다. 그러나 영적 전쟁은 내가 사는 나라, 지역, 장소, 사람들 가운데서 지금도 여전히 일어나고 있습니다.

사탄의 세력들은 멀리 있는 존재가 아니라 우리가 사는 이 세상에서 사람들을 대상으로 공격하며, 또 사람들의 문화와 사상과 이단 종교들을 통해 공격하고 있고, 지역 자체를 타락시키고 변질시키는 권세자들로 활동하며, 한 나라의 권력이나 종교를 잡고 나라를 흔드는 통치자들의 모습으로 이 세상을 지배해 가고 있습니다. 그래서 성경은 사탄을 향해 이 세상을 지배하는 '세상의 신'이라고 말하는 것입니다.

"그 중에 이 세상의 신이 믿지 아니하는 자들의 마음을 혼미하게 하여 그리스도의 영광의 복음의 광채가 비치지 못하게 함이니 그리스도는 하나님의 형상이니라" (고후 4:4, 개정)

우리가 사탄의 존재를 인정하지 않는다고 사탄이 공격하지 않는 것

---

13) "우리의 싸우는 무기는 육신에 속한 것이 아니요 오직 어떤 견고한 진도 무너뜨리는 하나님의 능력이라 모든 이론을 무너뜨리며" (고후 10:4, 개정)

은 아닙니다. 이 세상의 신인 사탄은 우리가 믿든 믿지 않든 신자건 불신자건 상관없이 통로가 열려 있다면 공격합니다. 우리를 무너뜨리며 파괴시켜 하나님과 연결되지 못하도록 말입니다. 특별히 믿는 자들에게는 하나님과의 관계를 단절시키기 위해 무차별적인 공격을 가해 옵니다. 이러한 전쟁을 익히 알았던 사도바울은 그래서 이런 악의 세력과 싸워 이길 수 있도록 '하나님의 전신갑주'를 입으라고 한 것입니다.[14] 우리는 사탄의 세력이 이렇듯 철저한 조직과 체계를 가지고 공격하는 악한 영적인 존재임을 깨달아야 합니다.

사탄의 계급 체계

이제부터는 견고한 진인 사탄의 무리들이 어떤 '계급 체계'로 움직이는지에 대해 살펴보고자 합니다. 사탄의 조직은 '군대 조직'과 같이 움직입니다. '지위와 계급'이 있다는 뜻입니다. 또한 귀신들도 행한 행적에 따라 '상과 벌'을 받습니다.

몇 년 전 영적인 문제가 있었던 성도님과 대적사역을 하게 되었는데

---

14) '마귀의 간계를 능히 대적하기 위하여 하나님의 전신 갑주를 입으라 우리의 씨름은 혈과 육을 상대하는 것이 아니요 통치자들과 권세들과 이 어둠의 세상 주관자들과 하늘에 있는 악의 영들을 상대함이라 그러므로 하나님의 전신 갑주를 취하라 이는 악한 날에 너희가 능히 대적하고 모든 일을 행한 후에 서기 위함이라'(엡 6:11-13, 개정)

그 분에게서 귀신의 정체가 드러났습니다. 유난히 질기고 강해 축사사역에 애를 먹게 했던 이 귀신에게는 많은 부하 귀신들이 있었습니다. 그래서 '이 귀신은 어떻게 해서 이렇게 부하 귀신이 많지?' 생각을 하면서 귀신에게 물었습니다.

"너 혹시 지옥에 갔다 온 귀신이냐?" 물었더니 귀신이 "그렇다"라고 했습니다. "어떻게 갔다 왔냐?"라고 물으니 이런 이야기를 했습니다. 어떤 한 사람을 죽여 지옥으로 끌고 갔다는 것입니다.[15] 그리고 지옥에서 '상급을 받고' 다시 이 땅에 내려왔다는 것입니다. 악한 영들도 그들이 행한 행적에 따라 상급 혹은 징벌을 받습니다. 하나님과 단절시키고 구원을 잃어버리게 하여 지옥으로 데려가면 상을 받습니다. 또한 많은 영혼을 지옥으로 끌고 가면 상급이 쌓이게 되고 자기 수하에 귀신을 거느릴 수 있는 권한도 더 커지게 됩니다. 만약 열 명의 영혼을 지옥으로 끌고 갔다면 상급이 더 쌓이게 됩니다. 백 명의 영혼을 끌고 갔다면 그 지위와 상급은 더 높아질 것입니다. 지위가 높아진 만큼 악의 결집력과 활동성이 커지게 되므로 더 많은 영혼을 지옥으로 끌고 갈 수 있는 능력이 생기게 됩니다. 자신의 직급과 체계가 올라가면 갈수록 악의 지배력과 영향력이 막강해집니다. 그렇기 때문에 천 명의 영혼을 지옥으로

---

15) 우리가 여기서 유의할 것은 귀신이 '죽였다'고 해서 직접 죽인 것이 아니라는 것입니다. 귀신은 상황과 환경, 내면을 조종함으로써 자살을 선택하도록 유도하는 것입니다. 따라서 죽음의 책임이 악한 귀신이 아니라 그것을 자유의지로 선택한 사람에게 있게 하는 것입니다.

끌고 갔다면 이제 도시를 장악할 수 있는 권세까지도 주어질 수 있습니다.

예컨대 이 지상에서 거물급의 영혼들, 이를테면 이단 교주나 목사 등을 미혹시킨 귀신들은 더 큰 상급을 받게 됩니다. 왜냐하면 교주나 거짓선지자의 잘못된 가르침을 듣고 지옥으로 가는 영혼들이 많으므로 그 상급을 이들을 미혹시킨 귀신이 받게 되는 것입니다. 믿을 수 없는 이야기라고 치부할지 모르나 현재 영적세계에서 일어나는 일입니다.

이런 일도 있었습니다.

충청도에서 오신 한 집사님을 통해 악한 영이 드러났습니다. 강력한 영이었습니다. 영적 무기로 계속 공격하자 견디지 못하고 나간다고 했습니다.

그런데 잠시 잠깐 사이 발작을 하며 안 나간다고 버티는 것이었습니다.

"이 더러운 귀신아 너 나간다고 했잖아!"

그러자 귀신이 "아니야! 안 나가! 나가지 말래!!" 이렇게 말하는 것이었습니다. 저는 순간 '지금 말하고 있는 귀신이 대장인데 도대체 누가 나가지 말라고 하나'하는 의문이 들었습니다. 그래서 "누가 나가지 말래?! 위에 마귀가 그러든?!" 물었더니 귀신이 갑자기 잠잠해졌습니다. 그 대장 귀신보다 상위에 있는 외부의 악령이 나오지 못하도록 막고 있는 것이었습니다. 그 대장 귀신은 어차피 쫓겨나가도 마귀에게 끔찍한

형벌을 당하니 자신은 그대로 머물겠다고 한 것입니다. 그래서 "안 나가고 버티나 보자"하며 예수님의 권세를 믿고 강력한 영적 무기로 계속 공격했습니다. 영적전쟁에서는 군대 대장이신 예수님을 전적으로 신뢰하며 포기하지만 않는다면 반드시 승리한다는 것이 그 동안의 사역을 통해 얻은 영적 원리입니다. 결국 몇 차례의 발작 끝에 떠나갔고 귀신의 올무에서 자유케 된 집사님에게 치유와 회복이 일어났습니다.

이렇듯 사탄의 조직은 군대 조직과 같이 움직이며 그에 따라 '상과 벌'이 있습니다. 사탄은 하나님의 대적자로서 하나님 나라의 확장을 훼방하며 복음의 진리들을 가리는 일을 수행할 때 상을 줍니다. 특별히 구원을 잃게 하여 영혼들을 지옥으로 끌고 오면 그 상급은 더 큽니다. 이런 일들을 통해 악한 영들은 자신의 직급을 높이려고 합니다. 모든 수단과 방법을 동원하여 상급을 받아 더 지위가 높아지려고 합니다. 이것이 사탄의 본성이기 때문입니다.[16] 또한 지위가 높아질수록 더 많은 영혼들을 지옥으로 끌고 갈 수 있는 악의 영향력이 더 커지기 때문입니다. 이것이 바로 마귀가 우는 사자와 같이 삼킬 자를 찾는 이유입니다 (벧전 5:8).

---

16) '네가 네 마음에 이르기를 내가 하늘에 올라 하나님의 뭇 별 위에 내 자리를 높이리라 내가 북극 집회의 산 위에 앉으리라 가장 높은 구름에 올라가 지극히 높은 이와 같아지리라 하는도다'(사 14:13-14, 개정)

직급의 차이에 따른 귀신의 능력 차이

귀신은 호시탐탐 기회를 포착하여 사람 속으로 들어오려고 시도합니다. 귀신의 기질과 본질상 사람의 육체 안에 거할 때 가장 편안함을 느끼며(마 12:43) 사람 안에 숨어 역사할 때 지옥으로 끌고 가기가 더 쉽기 때문입니다. 그런데 같은 귀신이라도 사람 속에서 역사할 때 직급에 따라 그 영향력이 다르게 나타납니다.

예를 들면 '분노의 영'이나 '미움의 영'과 같은 낮은 직급의 귀신[17]과 '통치자'나 '권세들'과 같은 높은 직급을 가진 귀신과는 힘과 영향력에서 큰 차이가 납니다. 만약 낮은 직급의 '분노의 영(귀신)'이 사람에게 들어가면 분노의 영은 처음에는 힘이 약합니다. 이들이 할 수 있는 일은 분노를 내도록 자극하는 일 정도일 것입니다. 분노를 자극함으로 거기서 나오는 분노의 에너지를 먹으며 성장합니다. 일반적으로 직급이 낮은 귀신들은 이런 방식을 통해 그 사람 안에서 세력을 확장해 나갑니다. 계속적으로 분노와 연관된 다른 죄와 악을 유도하므로 세력을 확장하며 다른 죄들로 말미암아 다른 귀신이 침투할 수 있는 통로와 공간을 확보해 나갑니다. 낮은 직급의 귀신은 이런 방식으로 세력과 지배력을 확장해 나가는 것입니다. 이것이 낮은 직급에 속한 귀신들의 일반적인

---

17) '하늘에 있는 악한 영들'(엡 6:12)

공격 방법입니다. 그리고 이러한 귀신들의 영향력은 보통 '귀신의 지배를 받고 있는 당사자'[18]와 주변 사람들에게만 끼칩니다.

그러나 직급이 높은 귀신이 들어오면 양상은 판이하게 달라집니다. 예를 들어 높은 직급의 통치자의 영이 한 나라의 권력자에게 들어간다면 한 나라의 운명을 좌지우지할 수 있을 정도로 막강한 영향력을 행사할 수 있게 되는 것입니다. 그래서 공산체제의 독재자에게 악한 통치자의 영이 들어간다면 그리스도인들을 진멸하는 정책을 펼칠 수 있습니다. 또 직접적으로 복음이 전파되는 것을 막을 수도 있습니다. 이슬람권에서 반기독교 이념을 국가의 정책으로 삼아 그리스도인들을 핍박하게도 할 수 있는 것입니다. 또한 전쟁을 일으킬 수도 있으며 사람들을 핍박하고 억압할 수 있습니다.

그러나 통치자의 영이 사람 안에 들어갈 때는 낮은 직급의 영이 들어가 사람을 괴롭히는 것과는 달리, 오히려 그 통치자의 악령은 그 사람에게 권세도 주고, 재물도 주고, 성공도 줍니다. 세상에서 강력한 사탄의 도구로 사용될 수 있도록 부귀영화도 주는 것입니다. 사탄이 광야에

---

18) 귀신의 지배를 받고 있는 사람들은 정작 본인이 귀신의 지배를 받고 있다는 생각을 못하는 경우가 많습니다. 귀신은 자신이 정체를 드러내놓고 지배하는 것이 아니라 도둑처럼 숨어서 그 사람의 감정, 생각, 의지, 육체, 환경 등을 지배하기 때문입니다. 그래서 대적사역을 통해 자신에게 숨어 있었던 귀신의 정체가 드러난 후에야 비로소 그동안 자신이 귀신의 지배를 받고 있었다는 것을 깨닫게 되는 경우가 많습니다.

서 금식하시는 예수님께 제시했던 것이 바로 이것이었습니다.[19]

그러나 사탄은 이러한 것들을 주면서 반드시 사탄적인 것도 함께 줍니다. 권력을 주지만 탐욕도 같이 줍니다. 그러므로 권력을 탐욕적으로 사용하도록 합니다. 재물도 마찬가지입니다. 재물을 주지만 탐욕하도록 하는 것입니다. 성공을 주지만 음란도 함께 줍니다. 그래서 성적인 문제를 일으키도록 합니다. 이런 죄성들을 통해 통치자의 영은 더 강하게 그 사람을 지배해 나가는 것입니다. 그러나 결코 사탄은 자신의 정체를 드러내지 않습니다. 사탄의 도구인 인간을 사용하여 자신의 세력을 넓혀 가며 이 세상을 지배해 나가는 것입니다.

이것이 높은 직급의 귀신과 낮은 직급의 귀신의 영향력의 차이입니다. 이미 말했듯이 낮은 직급의 귀신은 사람 안에 있어도 그 사람을 온전히 통제할 능력이 없습니다. 그래서 죄와 악한 것들을 통해 그 사람의 지배력을 넓혀 갑니다. 그러나 높은 직급에 있는 통치자의 영은 이미 예수 믿지 않는 사람들을 통치하고 조종할 수 있는 충분한 능력이 있습니다. 그래서 그 사람에게 좋은 것들을 주는 것입니다. 이것을 주어도 그 사람을 충분히 통제하며 지배하며 조종할 수 있는 능력이 있기 때문입니다.

---

19) "마귀가 또 그를 데리고 지극히 높은 산으로 가서 천하만국과 그 영광을 보여 이르되 만일 내게 엎드려 경배하면 이 모든 것을 네게 주리라"(마 4:8-9, 개정)

그러므로 우리는 귀신이 '나쁜 일만 일어나게 한다'는 제한된 생각을 버려야 합니다. 오히려 이제는 귀신이 부와 성공과 출세와 세상의 부귀영화도 줄 수 있다는 것을 깨달아야 합니다.[20] 우리는 좋은 것들(재물, 성공, 부귀영화)이 우리에게 올 때에 이것이 사탄으로부터 오는지 하나님으로부터 오는지 분별할 수 있어야 합니다. 그래서 예수님이 우리에게 깨어 있으라고 하신 것입니다. 우리가 깨어 늘 성령님과 동행하면 성령님이 우리에게 여러 가지 방법을 통해 말씀해 주시기 때문입니다.

---

20) 만약 그리스도인들에게 수고한 대가가 아니라 노력도 없는데 훨씬 더 좋은 결과가 올 때, 특히 부정과 불의와 불법이 포함되고, 수고함이 없이 더 좋은 결과를 얻게 될 때, 이것은 하나님이 주신 것이 아니라 사탄이 주는 달콤한 독의 유혹임을 깨달아야 합니다. 만약 이것을 먹게 된다면 이 사람은 고통 가운데 넘어지게 될 것입니다. 반면 성경의 원칙은 '심은 대로 거두는 원칙'입니다. 먼저 정직하게 심는 수고와 노력이 있어야 하고, 그 결과로 30배, 60배, 100배의 수확을 하는 것입니다.

4장

하나님 나라를 확장하는 수단
vs
사탄이 악한 영역을 확장하는 수단

이번 장에서는 '사탄이 어떠한 도구를 사용하여 자신의 영역을 확장해 가는가'에 대해 살펴보겠습니다. 그러나 그보다 먼저 하나님께서 어떤 방법으로 하나님 나라를 확장해 나가는지에 대해 말씀 드리겠습니다.

1. 하나님의 나라를 확장하는 수단

하나님께서는 하나님 나라의 확장을 위해 많은 도구들을 사용하십니다. 믿는 자들의 기도와 중보, 구제와 선교 사역, 복음 전하는 일과 이웃을 사랑하라는 계명에 순종하여 행하는 모든 것들이 하나님 나라의 확장의 도구입니다. 하나님의 나라는 반드시 이런 우리의 수고와 헌신과 순종을 통해 확장됩니다. 사도 바울이 하나님의 동역자(고전 3:9)라고 말했던 것은 우리의 동역을 통해 하나님 나라가 확장되기 때문입니다. 우리를 통해 하나님의 뜻이 이 땅 가운데 심어지는 것이며, 하나님의 통치가 이루어집니다. 하나님은 이러한 방법들을 통해 세상에서 그분의 나라를 확장시켜 나가십니다. 그렇다면 사탄은 어떤 방법을 통해 자신의 나라를 확장시켜 나갈까요? 창세기의 뱀에 불과했던 사탄이 어떻게 용이 되고 이 세상의 신이 되었을까요?

2. 사탄이 악한 영역을 확장하는 수단

사람

사탄이 자신의 세력을 확장하는 수단으로 사용하는 것은 '사람'입니다. 만약 사자나 호랑이를 통해 사탄의 세력을 확장시켜 나갈 수 있다면, 사탄은 에덴에서 하와가 아니라 사자나 호랑이를 유혹했을 것입니다. 사탄이 자신의 세력을 확장하기 위해 사용하는 강력한 도구가 바로 사람입니다.

사탄은 사람에게 죄를 집어 넣습니다. 그 죄의 틈새를 통해 침투하며 지배해 나가기 시작합니다. 점차적으로 사탄의 도구로 만들어 가는 것입니다.[21] 사탄은 이렇게 자신의 세력을 확장하기 위해 죄와 악을 사용합니다. 많은 사람들이 죄라고 하면 사기나 살인이나 도둑질을 쉽게 연상하지만 사탄이 사용하는 죄는 이와 다릅니다. 오히려 사탄이 유혹으로 사용하는 죄에는 좋은 것들이 심겨져 있습니다. 죄 가운데 쾌락이나 이익이나 즐거움이 숨겨져 있는 것입니다.

일례로 다른 사람의 뒷말을 할 때 어떤 감정이 듭니까? 옳지 않다는 것은 알지만 뒷말을 할 때 후련해지는 카타르시스를 느낍니다. 오죽했으면 성경에 '남의 말하기를 좋아하는 자의 말은 별식과 같아서"(잠 18:8) 라는 표현을 사용했겠습니까?

이렇듯 사탄은 죄 속에 쾌락과 이익과 즐거움을 넣어 유혹을 하는 것입니다. 부정과 불법임을 알지만 큰 이익 때문에 넘어가도록 하는 것입니다. 마약이 나쁜 걸 알지만 빠져 나올 수 없는 쾌감을 줌으로 중독화시키는 것입니다.

사탄은 이러한 방식으로 서서히 공격하며 지배력을 강화시킵니다. 사탄은 처음부터 강하게 역사하지 않습니다. 점차적으로 수위를 높여가는 방식이 아니라면 거부감으로 뛰쳐나갈 수도 있기 때문입니다. 개구리를 뜨거운 물에 넣으면 뜨거워 바로 뛰쳐나오지만, 물에 넣고 서서

---

21) 제 1권에서 말씀드렸듯이 사탄은 생각에서부터 시작하여 마음을 지배하고 행동을 지배합니다. 마음이 열리면 귀신들을 침투시켜 그 사람의 생각, 감정, 의지, 육체를 지배하기 시작합니다. 그리고 이러한 귀신들의 힘이 더 강력해져 행동(혼과 육)까지 통제하게 되면, 그때부터는 그 사람을 강력한 사탄의 도구로 사용합니다. 성경의 가룟 유다나 바예수와 같은 사람이 이런 사탄의 도구입니다.

히 가열하면 자신의 몸이 뜨거워지는지도 모르고 죽어가는 것처럼 말입니다. 이렇게 사탄은 서서히 사람에게 죄를 주입시키는 것입니다. 작은 것들로부터 시작하는 것입니다.

하와를 유혹할 때도 협박한 것이 아니라 달콤한 말로 접근했습니다. 그러나 하와가 사탄의 유혹을 받아들이자 결국 그 자녀 세대에서 살인이 일어났습니다. 이렇듯 처음에는 작고 사소한 것들을 통해 사탄과 접촉하지만, 나중에는 지배력이 강해지는 것입니다. 이런 방법을 통해 사탄은 죄를 매개로 하여 '사탄과의 종속 관계'를 만들어 갑니다.

가룟 유다는 사탄이 예수를 팔라는 생각을 넣을 때 그것을 받아들였고 마음에 품었습니다(요 13:2). 사탄(탐심의 영, 거짓의 영)이 이 탐심을 통로로 하여 그 안에 들어간 것입니다(눅 22:3). 죄를 통해 사탄과 종속 관계가 맺어졌기에 가능했던 것입니다. 그런데 문제는 이런 종속 관계를 통해 귀신이 그 사람에게 침투할 때 본인들은 그것을 전혀 모른다는 것입니다. 가룟 유다도 이것을 몰랐습니다.

만약에 사탄이 자신을 직접 밝히고 들어온다면 누가 받아드리겠습니까? 그러나 사탄은 이미 죄로 인해 종속적 관계가 맺어졌으므로 그 사람의 허락에 상관없이 합당한 권리를 가지고 들어가는 것입니다. 이 때가 초기의 종속 관계입니다. 그러므로 혹시 누군가에 대한 미움이나 분노, 탐심이나 다른 죄들을 가지고 있다면 이때 과감히 끊어내야 합니다. 기도 중에 성령께서 생각나게 해 주시는 죄가 있다면 회개하며 끊으십시오. 그렇지 않고 더 깊은 종속 단계로 진전된다면, 더 큰 어려움을 당할 수 있습니다.

만약 이 초기 종속 단계가 더 깊어진다면 이제 우리의 혼과 육이 사탄의 지배를 받게 될 수 있습니다. 본인도 모르는 사이 중독에 빠져 행동을 억제 할 수 없게 될 수 있습니다. 통제하기 힘든 폭력과 저주의 말이 쏟아져 나오게 될 수도 있습니다. 이로 인해 가정이 무너지며 관계가 파괴될 수 있습니다.

사탄의 지배력이 강해지면 나 자신 뿐 아니라 다른 사람에게까지 피해를 끼치며 죄의 영향력이 더 커지게 되는 것입니다.

이런 식으로 사탄은 사람을 통해 자신의 세력을 확장해 나가는 것입니다. 죄로 인한 종속 관계를 통해 세상에서 자신의 세력을 확장시켜 나가는 것입니다. 그래서 사탄은 자신의 세력을 확장시키기 위해 계속해서 세상에 음란한 것들을 뿌리며 음행을 행하도록 부추기며 더러움을 일으키는 것입니다. 분열과 시기, 폭력, 우상 숭배, 미움, 다툼, 질투, 이기심, 탐욕, 악의, 거짓 등과 같은 것들을 뿌리는 것입니다. 그리고 이러한 것들을 수용하는 사람들을 통해 사탄의 세력을 확장시켜 나가는 것입니다. 이 밖에도 의도적으로 사탄을 숭배하는 사람들을 통해서도 세력을 확장해 나갑니다. 사탄이 만든 종교인 불교, 이슬람교, 미신과 우상 숭배, 사탄 숭배 등을 통해서도 그 세력을 확장시켜 나가는 것입니다.

주변을 둘러보십시오. 사랑이 넘쳐 납니까? 이웃을 사랑하며 서로 돕습니까? 물론 이웃 사랑을 실천하며 사는 사람들도 많지만 세상은 점점 경쟁적이 되며, 메마르며, 더 폭력적이며, 전쟁, 테러, 살인과 음란이 난무합니다. 이것이 세상에서 사탄이 얼마나 강하게 역사하고 있는가를 보여주는 증거들입니다. 또한 그 만큼 많은 사람들이 사탄의 도구로 사용되고 있다는 증거입니다.

세상에서 움직이는 영적 원리는 명확합니다. 하나님을 신실하게 믿고 따르는 사람이 많다면 그 만큼 하나님의 나라가 확장되는 것입니다. 반면 이 세상에서 사탄이 뿌려 놓은 것들을 취하며 사탄이 좋아하는 것을 선택하는 사람들이 많아진다면 사탄의 세력이 더 확장되는 것입니다. 우리는 사탄의 세력이 얼마나 커져가고 있는지 세상을 통해 알 수 있습니다. 그리고 성경은 이 사탄이 '뱀이 용 됐다'고 말합니다.

> "큰 용이 내쫓기니 옛 뱀 곧 마귀라고도 하고 사탄이라고도 하며 온 천하를 꾀는 자라 (계 12:9, 개정)

사탄은 사람들을 도구로 하여 강력한 악의 세력으로 성장한 것입니다.

미혹의 도구

사탄은 사람을 도구로 하여 자신의 세력을 확장시켜 나가지만 미혹의 도구를 통해서도 세력을 확장해 나갑니다. 거짓 종교나 이단, 사상, 철학, 문화, 제사와 같은 것들을 통해서 자신의 세력을 넓혀 나갑니다.

그 중 '제사'의 예를 통해 어떻게 사탄이 그 세력을 확장시켜 나가는지 보여드리겠습니다.

사람들에게 제사 지내는 이유를 물어보면 '조상의 예' 혹은 '죽은 자들을 기리기 위해'라고 말합니다. 제사를 잘 지내면 죽은 조상이 재해나 재앙을 막아준다고 믿기 때문입니다.

내가 어렸을 때 우리 집에서도 제사를 지냈는데 죽은 아버지의 영혼을 애도하기 위해서였습니다. 특히 우리 가족은 제사를 통해 아버지의 영혼을 가장한 귀신과 오랫동안 교제까지 했습니다. 많은 사람들이 제사는 죽은 자를 애도하기 위한 예식이라는 생각합니다. 그러나 바로 이것이 귀신의 미혹입니다. 제사는 죽은 자를 위한 것이 아니라 귀신을 섬기는 우상 숭배의 행위에 지나지 않습니다.

> "무릇 이방인이 제사하는 것은 귀신에게 하는 것이요 하나님께 제사하는 것이 아니니 나는 너희가 귀신과 교제하는 자가 되기를 원하지 아니하노라" (고전 10:20, 개정)

또한 기억해야 할 것은 귀신은 자신의 모습을 바꿀 수 있다는 것입니다. 우리에게 조상의 모습으로 나타날 수도 있으며, 천사의 모습으로 자신을 바꿀 수 있다는 것입니다. 그래서 성경은 사탄이 광명의 천사로도 가장할 수 있다고 말한 것입니다.[22] 사탄의 세력은 악과 거짓으로 가득한 영체입니다. 그래서 자신들의 세력을 확장하고 악의 기운을 흡향하기 위해서 수단과 방법을 가리지 않고 미혹하는 것입니다.

또한 사탄의 세력들은 제사뿐만 아니라 거짓 종교, 이단, 이슬람과 같은 종교들을 통해서도 사람들을 미혹합니다. 그러나 이 세상 가운데 예수 그리스도의 복음 이외에는 다른 어떤 것에도 결코 구원이 없습니다(행 4:12)! 예수 그리스도가 없는 것은 어떤 이유를 막론하고 사탄에 의해 만들어진 것입니다! 어떤 사람들은 이러한 생각이 편협하고 배타적이라고 말합니다. 그러나 진리는 진리입니다. 기독교에 진리가 있기에 바로 기독교에 이단이 생기는 것입니다! 다른 종교에 어디 이단이 있습니까? 없습니다. 예수 그리스도의 복음에 생명이 있고, 진리가 있기 때문에 이단이 만들어지는 것입니다. 진짜를 가리기 위해 모조품인 가짜를 만들어 미혹하는 것입니다. 이것의 뿌리는 결국 사탄입니다.

---

22) "이것은 이상한 일이 아니니라 사탄도 자기를 광명의 천사로 가장하나니 그러므로 사탄의 일꾼들도 자기를 의의 일꾼으로 가장하는 것이 또한 대단한 일이 아니니라 그들의 마지막은 그 행위대로 되리라"(고후 11:14-15, 개정)

대중 매체, 미디어 - 간접적인 세력 확장의 도구

대중 매체라 하면 신문, TV, 라디오, 인터넷 등 대중적인 의사소통의 도구들을 총칭하는 것입니다. 이런 대중 매체 통해 다량의 메시지를 용이하게 불특정다수에게 전달하게 됩니다. 이는 문명이 발달되면서 신속한 정보의 공유를 목적으로 생긴 것입니다. 그런데 이제는 사탄이 미디어와 공중 매체를 자신의 세력 확장을 위한 도구로 사용한다는 것입니다. 물론 하나님께서도 기독교 방송이나 인터넷 매체를 통해 하나님의 나라를 확장시켜 나갑니다. 하지만 시간이 갈수록 대중매체에 대한 사탄의 장악력은 더 강력해지고 있습니다.

그렇다면 사탄은 어떻게 미디어를 사용하여 자신의 세력을 확장시켜 나갈까요?

예를 들어 사탄은 미디어를 사용하여 음란을 풀어 놓습니다. 대부분의 음란물은 인터넷이나 방송을 통해 접할 것입니다. 불과 50년 전만 해도 생활 속에서 그다지 많은 음란물을 접하지 못했을 것입니다. 물론 그림이나 만화로는 존재했겠지만 거의 제한되었습니다. 그러나 지금은 예전과 비교도 할 수 없을 만큼 음란해졌습니다. 너무나 쉽게 음란함을 주변에서 접할 수 있게 된 것입니다.

음란물뿐만 아니라 신체적 노출도 이제는 자연스러운 현상이며 개인의 성향이라고 치부합니다. 많은 여성들이 자신의 중요한 신체부위가 훤히 드러나는 옷을 입습니다. 하지만 그러나 현대를 사는 사람들은 이것을 당연한 것으로 받아드립니다. 미디어를 통해 이미 친숙해졌기 때문입니다. 또한 성에 대한 생각은 어떻습니까? 결혼하지 않은 남녀가 혼전 성관계를 맺는 것이 이제는 자연스러운 추세가 되었습니다. 오히려 방송이 이것을 더 아름답게 미화합니다. 결혼한 남녀가 애인을 갖는 것도 죄가 아닌 것처럼 근사하게 포장합니다. 처음 이러한 것을 접했을 때에는 놀라기도 했지만 이제는 서서히 무뎌져 갑니다. 방송에서 음란물, 폭력, 외도에 대한 내용이 나온다고 해도 이제 놀라는 사람은 거의 없습니다. 또 게임은 어떻습니까? 미디어에서 나오는 폭력성은 어떻습니까? 동성연애는 어떻습니까?

물론 미디어가 무조건 나쁜 것은 아닙니다. 정보도 얻을 수 있고, 즐거움도 얻을 수 있습니다. 그러나 분명한 것은 사탄이 자신의 세력을 확장하기 위해 이것을 사용한다는 것입니다. 인간의 마음을 무뎌지게 만들고, 죄에 쉽게 노출되도록 만드는 것입니다. 이것이 사탄이 미디어를 통해 이루고자 하는 것입니다.

많은 사람들이 창세기를 읽다가 롯의 이야기에서 의아한 것을 발견합니다.

"내게 남자를 가까이 하지 아니한 두 딸이 있노라 청하건대 내가 그들을 너희에게로 이끌어 내리니 너희 눈에 좋을 대로 그들에게 행하고 이 사람들은 내 집에 들어왔은즉 이 사람들에게는 아무 일도 저지르지 말

라"(창 19:8, 개정)

롯이 자신의 집에 찾아온 손님들을 보호하기 위해 소돔 사람들에게 한 말입니다. 롯이 남자를 가까이 하지 않은 자기의 두 딸을 성적 노리갯감으로 기꺼이 내어 주겠다는 내용입니다. 자유분방한 현대를 사는 우리도 쉽게 납득할 수 없는 말입니다. 도대체 롯은 어떻게 해서 이런 생각과 말을 하게 되었을까요?

베드로후서에서 그 해답을 찾을 수 있습니다.

> "소돔과 고모라 성을 멸망하기로 정하여 재가 되게 하사 후세에 경건하지 아니할 자들에게 본을 삼으셨으며 무법한 자들의 음란한 행실로 말미암아 고통당하는 의로운 롯을 건지셨으니 (이는 이 의인이 그들 중에 거하여 날마다 저 불법한 행실을 보고 들음으로 그 의로운 심령이 상함이라)"(벧후 2:6-8, 개정)

위 성경말씀에 롯은 날마다 불법한 행실을 보고 들음으로 그 의로운 심령이 상했다고 기록되어 있습니다. 롯의 가족이 살고 있던 소돔과 고모라는 성적으로 아주 문란했습니다. 롯이 여기에 살면서 이러한 것들을 '보고 들었던' 것입니다. 결국 자기 딸을 성적 노리갯감으로 내어주어도 전혀 부끄럽지 않을 정도로 변질된 것입니다.

'우리가 무엇을 보고 듣느냐가 우리의 생각과 말과 행동을 결정합니다. 이것을 너무나 잘 알고 있는 사탄이 미디어를 통해 사탄적인 것들을 무차별적으로 뿌리고 있는 것입니다. 마음을 무뎌지게 만드는 것입니다. 폭력과 살인에도 무뎌지게 만드는 것입니다. 이러한 것들을 계속 듣고 보게 함으로 실제로 폭력과 살인을 하도록 조장하는 것입니다. 이것이 바로 사탄이 미디어를 통해 이루어가는 것입니다. 미디어를 사용하여 자신의 세력을 확장해 나가는 것입니다. 그러므로 우리가 깨어 있기 위해서는 '미디어에 대한 금식'이 반드시 필요합니다. 미디어를 금식하며 오히려 그 시간에 기도로, 말씀으로, 예배로 하나님께 더 나아가야 하는 것입니다.

이제 앞으로 사탄과 마귀들은 서서히 자신의 실체를 미디어를 통해 더 드러낼 것입니다. 게임이나 영화, 혹은 대중 매체들을 통해 자신의 모습을 드러낼 것입니다. 지금 이 일은 서서히 진행되고 있습니다. 게임과 영화를 통해 실제 사탄과 마귀의 모습을 비춰는 것입니다. 많은 사람들은 게임이나 영화에서 등장하는 캐릭터들이 상상의 산물이라고 생각합니다. 나도 그렇게 생각했습니다. 그러나 대적사역을 하면서 실제 마귀의 형상이 어떤 모습인지 알게 되었습니다. 상상의 산물이 아니라 마귀의 실체가 이제 영화나 게임, 대중매체를 통해 쏟아져 나오고 있는 것입니다.

우리가 하나님을 통해 계시를 받듯, 사탄도 자신을 숭배하는 자들에게 자신의 모습을 보여줍니다. 그리고 다양한 미디어를 통해 그것을 나타내도록 그들에게 능력을 줍니다. 이러한 자들을 통해 나오는 자신의 모습을 보고 듣게 함으로 우리의 '혼이 악의 세력에 묶이도록' 하는 것입니다.

또한 사탄이 이런 식으로 자신의 모습을 드러내는 이유는 사탄에 대한 거부감을 없애기 위함이기도 합니다.

창세기에 나오는 롯이 소돔성에 처음 도착했을 때는 그 곳의 성적 문란과 동성연애를 보고 상당한 충격을 받았을 것입니다. 그럼에도 롯은 그 곳을 떠나지 않았습니다. 오히려 그 곳에서 계속 보고 들음으로 그들과 닮아가게 됩니다. 결국 계속 보고 들음으로 마음이 무뎌지고 행동도 따라가게 된 것입니다.

사탄의 모습을 처음 보게 된다면 우리는 충격을 받을 것입니다. 그러나 계속해서 서서히 그 모습을 보게 된다면 우리의 마음 또한 서서히 무뎌집니다. 익숙해지는 것입니다. 롯처럼 되는 것입니다. 그리고 어느 새 자신도 모르게 사탄적인 것을 따르며 숭배하게 될 수도 있게 됩니다.

이러한 것을 유명한 외국의 가수를 통해서도 엿볼 수 있습니다. 악마적인 분장을 하고 지옥의 퍼포먼스로 사탄을 숭배하는 직접적인 예식을 공연 중에 할지라도 사람들은 전혀 놀라지 않습니다. 오히려 괴성을 지르며 사탄을 함께 숭배합니다. 사탄이 실제로 자신의 실체를 드러낸다고 해도 이렇게 될 것입니다. 이렇듯 미디어와 공중 매체는 사탄의 세력을 확장하기 위한 아주 강력하며 유용한 도구가 되었습니다.

사탄의 또 하나의 세력 확장의 도구 - '지옥'

앞서 언급했듯이 사탄은 자신의 세력을 확장하기 위해 사람과 미혹의 도구와 미디어를 사용한다고 했습니다. 그러나 사탄은 이뿐 아니라 자신의 힘을 강화시키는 방법이 하나 더 있습니다. 그것은 이 세상에 속한 것이 아니라 영적 세계인 지옥에서 일어나는 일입니다.

우리가 이 세상에서 예수님을 믿지 않고 죽으면 지옥에 가게 됩니다. 그리고 그 지옥에서 영원히 세세토록 고통을 당합니다. 지옥에서는 이 세상에서 지은 죄에 따라 형벌이 달라집니다. 예를 들어 간음이나 성적인 죄를 범하다 지옥에 간 사람은 귀신들이 성적인 죄를 지은 부분을 무자비하게 고문하며 엄청난 고통을 줍니다. 지옥에 온 목사들도 있는데 그들은 십자가에 매달아 고통을 줍니다. 이 땅에서는 아무리 극심한 고통이 있다 할지라도 생명을 다하면 그만입니다. 그러나 지옥에 떨어진 영혼은 팔, 다리, 목 등 신체 부위의 그 어느 부위를 잘라낸다 해도 또 다시 붙습니다. 뼈가 으스러지며 장기가 쏟아져 나온다할지라도 잠시 후면 원상태로 복원됩니다. 그러면 고문하는 귀신들에 의해 다시 고문이 시작됩니다. 불못이나 유황불과 같은 곳에서 고통을 당하기도 하지만, 귀신들이 직접 고문도 합니다. 왜 귀신들은 지옥의 고통만으로도 힘든데 고통을 가중시키기 위해 고문을 하는 것일까요?

거기에는 분명한 이유가 있습니다.

지옥에서 귀신들이 고문을 가하면 어마 어마한 고통으로 죽은 영혼들이 울부짖습니다. 그러나 고문이 계속적으로 반복이 되면 고통은 어느 순간부터 악으로 변하게 됩니다. 하루의 고문이 아니라 일 년, 백 년, 천 년 동안 같은 고문을 반복해서 받는다고 생각해 보십시오.

고통이 어느 순간부터는 악으로 변하게 되는 것입니다.

또 이것이 지옥의 고문에 대한 비유가 될지 모르나 예를 들어 혹시 맞아 보신 적이 있으십니까? 한 대 맞을 때는 그나마 괜찮습니다. 10대 맞는다면 이제 더 이상 참기가 어려워집니다. 그러나 100대, 500대, 1000천대를 맞는다면 어떨까요? 악에 받칩니다. 실제로 이렇게 맞는다면 인간은 죽습니다. 하지만 영원불멸의 존재인 영혼은 결코 죽는 법이 없습니다. 날카로운 창으로 몇 십만, 몇 백만 번을 찌른다고 생각해 보십시오. 고통은 둘째 치고 악만 남는 것입니다. 그 '악의 기운'을 사탄의 세력들이 흡수하는 것입니다. 고통 받는 사람들에게서 나오는 악의 기운을 흡수하며 사탄의 세력은 더 강성해지는 것입니다. 지옥은 결코 우리의 상상으로 만들어낸 산물이 아닙니다. 실제로 존재하는 곳입니다. 단지 우리 눈에 보이지 않을 뿐입니다. 그러나 우리의 영혼과 몸이 분리되는 죽음의 순간 천국과 지옥의 갈림길에서 그 실체를 보게 될 것입니다.

사탄은 이렇듯 여러 가지 방법으로 자신의 세력을 확장시켜 왔습니다. 지금 이 세상에서 나타나는 죄악을 통해 사탄의 세력 확장 정도를 가늠해 볼 수 있습니다. 고린도후서에서는 이미 사탄이 세상의 신이 되었다고 말합니다. 또한 계시록에서는 사탄이 강한 용으로 나타납니다.

그러나 비록, 사탄이 이 세상의 신이 되었다할지라도 이 세상은 자신이 원하는 대로 그렇게 호락호락하게 통치되지는 않습니다. 왜 그렇습니까?

왜냐하면 아직도 세계 곳곳에 하나님의 의인[23]들이 빛으로 있기 때문입니다. 이런 의인들이 하나님의 군대가 되어 치열한 영적 전투를 벌이고 있기 때문입니다. 불을 뿜는 강력한 기도를 통해 사탄의 견고한 진들을 파쇄하며, 귀신의 세력들을 무너뜨리기 때문입니다. 복음을 만방에 전파함으로 하나님의 나라가 여전히 확장되기 때문입니다. 또한 예수의 생명을 가진 음부의 권세를 이기는 교회들이 곳곳에 세워져 있기 때문입니다. 이러한 하나님의 사람들이 빛이 되어 세상을 비추고 있기 때문에 사탄이 자신의 뜻대로 세상을 움켜쥐고 완전하게 통치할 수 없는 것입니다.

이들이 바로 세상을 지키는 하나님의 등불이며 '하나님의 군대'인 것입니다. 이들 한 사람 한 사람은 연약하고 작을 수 있습니다. 그러나

---

23) 이 의인은 단지 교회를 다니는 성도를 의미하는 것이 아닙니다. 이 의인은 제 1권 '성령의 영적 세계에서 언급한 세 번째, 네 번째 단계의 사람을 말합니다. 이 의인은 하나님 나라와 의를 구하며 살아가는 사람들이며, 성령의 온전한 통치를 받고 사는 사람들입니다.

아무리 작은 촛불이라도 불만 있으면 반드시 어둠은 물러가게 되어 있습니다. 흑암이 아무리 강해도 빛은 절대로 이길 수 없기 때문입니다. 그러나 등불이 꺼져 버리면 흑암이 덮쳐 버립니다. 그러므로 우리는 각자의 처소에서 하나님의 등불로서 빛을 발해야 합니다. 우리가 예수님으로부터 나오는 생명을 빛을 발하며 이 세상에서 살아간다면, 사탄이 아무리 세상의 신이라 할지라도 죄악으로 세상을 정복할 수가 없습니다. 왜냐하면 사탄은 빛이신 예수님과 이 빛을 가진 사람들을 결코 이길 수 없기 때문입니다.

5장

믿는 자들을 향한
악한 영들의 공격

우리 믿는 자들은 하나님께 바라는 것이 있습니다. 그것은 사탄이 우리를 공격할 때 하나님이 그 공격을 막아 주시거나 그 공격이 아예 이루어지지 않도록 미리 막아 주길 원한다는 것입니다. 그러나 현실에서 보면 사탄이 고난을 줄 때 하나님이 막아 주시지 않는 것 같은 느낌이 들 때가 많습니다. 우리가 원하는 것은 하나님이 사탄의 공격을 막아 주는 것인데 하나님은 이걸 허용한다는 것입니다.

그렇다면 왜 우리는 하나님을 전능하신 하나님이라고 하는데 하나님은 사탄의 세력을 막지 않고 허용하시는 것일까요? 하나님이 능력이 없어서 일까요? 아니면 사탄을 막을 힘이 없어서 일까요?

우리가 이 부분에 대한 명확한 해답을 갖고 있지 않다면 우리는 신앙적으로 성장하기가 어렵습니다. 왜냐하면 사탄이 고난이나 질병으로 우리를 공격할 때 하나님이 막아 주지 않는다고 느낀다면 하나님을 신뢰하기 어렵게 되고 믿을 수 없게 되기 때문입니다.

그러므로 믿는 자들은 이 부분에 대한 분명한 해답을 가지고 있어야 합니다.

1. 하나님이 이 땅에 악한 영들을 허용하시는 이유

하나님께서 우리에게 때때로 사탄의 공격과 시험을 허락하시는 이유는 '우리의 신앙이 참인지 거짓인지를 보기 위함'입니다. 시험을 통해서만 우리의 신앙이 검증되고 성장하기 때문입니다. 그래서 베드로는 우리 신앙의 시험을 제련 과정에 비유합니다. 금은 불순물을 표면으로 떠오르게 하기 위해 달궈지며, 그렇게 해서 불순물이 분리되는 것입니다(벧전 1:6-7). 시험과 고난의 제련 과정을 통해 우리의 신앙이 참인지 아닌지 분별할 수 있게 되며, 또한 불순물이 제거된 순도 높은 정금으로 되는 것입니다. 이것을 위해 하나님이 악한 영들의 공격을 허용하시는 것입니다.

또한 하나님이 사탄의 공격을 허용하는 이유는 '우리가 자유의지를 통해 무엇을 선택하는지를 보기 원하시기 때문'입니다.

하나님은 하와에게도 이러한 사탄의 시험을 허락하셨습니다. 사탄이 뱀의 모습으로 하와를 유혹할 때, 하나님은 이것을 다 알고 계셨습니다. 그러나 막지 않으셨습니다. 왜냐하면 하나님은 이미 아담과 하와에게 그 분의 뜻을 계시해 주셨기 때문입니다. "선악과를 먹지도 만지지도 말라"고 말입니다. 그리고 아담과 하와는 이미 이것을 알고 있었으며 하나님은 이 선택을 도울 수 있는 선한 양심까지도 주셨습니다. 또한 지정의를 통해 판단하고 평가하여 올바른 행동을 할 수 있는 능력도 주셨습니다.

하나님은 이러한 것들을 통해 '사탄이 공격할 때' 하와가 하나님의 선한 것들을 선택하길 기대하셨습니다. 하나님은 이것을 기대하시면서 사탄의 공격을 허용하셨던 것입니다. 그러나 하와는 우리가 다 알다시피 사탄의 유혹에 빠져 죄를 짓고 말았습니다.

하나님은 때때로 우리에게 사탄의 시험과 공격을 허락하십니다. 그러나 사탄의 이러한 공격이 올 때 하나님의 편에 서길 원하십니다. 눈앞에 보이는 이익, 혹은 손해나 희생이 부담스러워 사탄적인 것을 선택하는 것이 아니라, 먼저 그의 나라와 의를 구하는 삶을 선택하며 살기를 원하십니다. 문제는 이론적으로 우리가 이것은 알지만 실제의 삶에서는 사탄이 어떤 방식으로 우리를 공격하는지는 잘 알지 못한다는 것입니다.

그래서 이 책 1권의 '악령의 영적 세계'에서는 사탄이 우리의 생각을 통해 어떻게 침투해 들어오는지에 대해 말씀을 드렸습니다. 이제부터는 생각이 아닌 '미혹'을 통해 어떤 식으로 우리를 공격하는지에 대해 말씀을 드리고자 합니다.

2. 미혹을 통한 악한 영의 단계별 공격

1) 첫 단계 수준에서의 미혹 : '개인을 공격하는 미혹'

미혹은 사전적으로 '마음이 흐려지도록 무엇에 홀림'이라는 뜻을 가지고 있습니다. 가짜를 통해 진짜를 흐리게 만드는 것입니다. 진짜인 복음을 흐리게 할 목적으로 사탄은 개인을 공격하며 미혹합니다. 많은 그리스도인들이 지금도 여전히 이러한 미혹의 공격을 받고 있습니다. 그러나 이런 미혹을 받으면서도 그것이 사탄의 미혹이라는 것을 대다수 사람들은 인지하지 못합니다.

아마도 신앙생활을 하면서 이런 생각들을 누구나 한번쯤은 해 보았을 것입니다.

"말씀만으로 하나님이 세상을 창조했다고?"

"과연 예수님이 하나님의 아들일까?"

"어떻게 처녀가 아이를 낳을 수 있지?"

"어떻게 죽은 자가 다시 살아날 수 있지?"

사탄이 복음의 진리를 왜곡하기 위해 쓰는 미혹의 방법 중 하나입니다. 의심을 집어넣음으로 믿지 못하게 하는 것입니다. 만약 이런 의심이 들 때 "맞아! 성경은 비과학적이야! 비논리적이야!"하며 거부한다면 그 사람의 신앙은 그 자리에서 멈추게 되거나 퇴보하게 됩니다. 자신의 이성으로 이해할 수 없고 받아들일 수 없기 때문에 성경의 진리를 거부하는 것입니다. 이것이 사탄이 노리는 것입니다.

또한 이러한 의심을 품은 사람들은 성경을 부정적인 시각으로 보게 됨으로 꼬투리 잡아 비난하며 비평하는 사람이 됩니다. 이런 과정을 통해 교회는 다니되 은혜와 감격이 없는 형식적이고 습관적인 종교생활을 하는 사람이 됩니다. 사탄은 이렇듯 의심을 품게 함으로 신앙을 약화시킵니다. 만약 교회를 다니면서도 성경에 대한 전적인 믿음이 없다면, 그것은 사탄에 의해 미혹을 당했거나, 성령님이 내주하시지 않거나 둘 중 하나일 것입니다. 사탄은 우리가 영생의 구원을 믿지 못하도록 의심을 넣어 미혹하는 것입니다. 이것이 가장 낮은 단계의 미혹으로서 개인에 대한 미혹입니다.

2) 두 번째 단계 수준에서의 미혹 : '교회 지도자(조직)에 대한 미혹'

사탄은 낮은 단계의 미혹을 통해 개인을 미혹하기도 하지만, 수위를 높여 '조직 전부'를 미혹시키려고 시도합니다. 이러한 미혹 중에 '주의 종에 대한 미혹'이 있습니다. 만약 사탄이 주의 종들을 미혹하여 넘어뜨리거나 옳지 못한 꼴을 먹일 수만 있다면 교회 공동체 전체를 무너뜨릴 수도 있기 때문에 집중적으로 주의 종들을 미혹하려고 시도합니다.

일례를 들어 보겠습니다. 방언은 영의 언어로서 영적인 성장을 도모할 수 있는 기도의 도구입니다. 하나님의 선물인 것입니다. 방언은 초대교회에만 나타났던 은사가 아니며 지금도 여전히 하나님께서 성령의 언어로서 기도하게 하십니다. 그러나 어떤 목회자들 중에는 방언에 대해 부정적인 시각을 가지신 분들이 있습니다. 개인적인 신앙관으로는 크게 문제가 되지 않습니다. 그러나 목회자가 이러한 개인적인 신앙관을 성도들에게 가르친다면 문제가 다른 것입니다. 만약 방언과 모든 은사는 초대교회 시절에 끝났다고 가르친다면 목회자뿐 아니라 성도들은 더 이상 성령의 은사를 구하지 않게 됩니다. 은사를 체험하며 하나님을 경험할 통로를 막아버리는 것입니다. 목회자가 성도들을 제한하는 것입니다. 극단적인 측면으로 방언은 마귀의 언어이므로 절대로 방언을 말하지 말라고 교회 공동체에서 양육한다면 큰 문제가 될 수 있다는 것입니다. 방언은 사탄의 세력을 무력화시킬 수 있는 강력한 기도로서 영적 전쟁의 도구입니다. 영적전쟁에 무력한 성도들을 만들기 위한 목적으로 사탄은 부정적인 시각들을 목회자들에게 심어 주는 것입니다.

내가 신앙생활을 처음 시작한 교회는 전통적인 보수 장로교단이었는데, 소리를 내서 기도하면 눈총을 받았습니다. 찬양할 때 박수도 치지 못하게 했습니다. 성령의 은사는 초대 교회 때 이미 끝났다고 가르치는 교회였습니다. 목사님은 '오직 말씀주의'였습니다. 이러한 가르침으로 양육하는 목사님과 전도사님 밑에서 신앙생활을 했기 때문에 통성 기도하는 사람들을 보면 경박하고 시끄러운 사람들이라고 생각하게 되었습니다. 방언 또한 마귀가 준 언어라고 생각했습니다. 박수를 치는 것조차 '경망스러운 행동'이라고 생각했습니다. 그런데 이런 나에게 방언이 임했습니다. 다른 교회에서 말입니다. 또한 방언을 원하는 사람과 함께 기도할 때 그 사람에게도 방언이 임했습니다. 그리고 성령님은 그 교회를 옮기라고 했습니다.[24]

이제 목회자가 되니 다른 목회자들을 바라볼 수 있는 분별의 시각이

---

24) 나에게 성령의 은사들이 나타나자 성령님은 교회를 옮기도록 하셨습니다. 내 모교회가 잘못되었기 때문일까요? 그렇지 않습니다. 비록 목회자가 은사를 인정하지 않는다고 해도 하나님은 그 목회자의 목회를 존중하십니다. 은사와 구원과는 관계가 없기 때문입니다. 성령님이 교회를 옮기도록 한 이유는 나의 모교회가 잘못된 것이 아니라 나에게 나타난 은사가 교회의 목회 방침과 충돌되기 때문입니다. 그래서 성령님은 분란과 갈등이 일어나기 전에 나를 다른 교회로 옮긴 것입니다.

생겼습니다. 목회자들 가운데 성경이 아니라 자신의 신학과 신앙관을 가르치는 분들이 있습니다. 자칫 이러한 개인적 신앙관과 신학 안에 사탄의 미혹이 숨어 있을 수도 있는 것입니다. 목회자 하나를 넘어뜨리면 많은 성도들을 무너뜨릴 수 있기 때문에, 사탄은 목회자를 타깃으로 삼고 계속 미혹을 시도한다는 것입니다. 성으로 유혹해서 넘어뜨리기도 하고, 재정을 통해서도 넘어뜨리기도 하고, 명예를 통해서도 넘어뜨립니다. 이뿐 아니라 목회자의 생각이나 신학이나 신앙관을 미혹해서 성경을 비틀어 가르치도록 하는 것입니다.

사탄은 하와를 유혹할 때도 하나님의 말씀을 살짝 비틀었습니다. 또한 사탄은 예수님을 유혹할 때도 자신의 입맛에 맞는 말씀만 취사선택했습니다. 사탄은 목회자를, 교회를 이런 식으로 미혹하는 것입니다.

사탄은 목회자를, 교회를 노립니다. 여러 가지 방법으로 목회자를 넘어뜨리려 합니다. 왜냐하면 목회자가 중요하기 때문입니다. 목회자가 올바로 서 있으면 그를 따르는 많은 양들이 좋은 꼴을 먹으며 천국으로 갈 수 있지만, 목회자가 넘어지면 많은 양들이 구덩이에 빠지게 되기 때문입니다.

그러므로 목회자들은 늘 말씀으로 모든 기둥을 삼아야 합니다. 뿐만 아니라 기도를 통해 성령의 기름부으심과 역사하심을 늘 유지해야만 합니다. 그리고 성도들은 나를 이끄는 목회자들을 위해 반드시 계속해서 기도해야 합니다. 왜냐하면 이렇게 할 때 사탄의 미혹을 이기는 목회자요 교회가 될 수 있기 때문입니다.

3) 가장 강력한 단계의 미혹 : '미혹의 도구'를 통한 공격

앞에서 사탄이 낮은 단계의 미혹으로 개인을 유혹한다는 것을 보았습니다. 그리고 사탄은 개인뿐 아니라 할 수만 있다면 주의 종들을 미혹하여 쓰러뜨리려고 한다는 것에 대해서도 말씀드렸습니다. 아마 성도라면 이런 정도의 미혹에 대해서는 알고 있을 것입니다. 이제부터는 한 단계 더 높여 사탄이 어떤 미혹의 도구들을 통해 공격하는지를 살펴보려고 합니다.

거짓 종교를 통한 미혹

요즘은 심심치 않게 우리는 주위에서 '종교적 연합', '종교 교류', '종교 다원주의'라는 말을 듣습니다. 세상의 언론들은 이런 것에 대해 긍정적인 평가를 내립니다. 사실 이러한 것이 나쁜 것은 아닙니다. 종교 간의 연합과 교류를 통해 복음이 증거될 기회가 넓혀진다면 좋은 일일 것입니다.

예를 들어 불교 국가나 이슬람 국가에 의료 사역자들이 들어가서 복음을 전할 기회가 넓혀진다면 하나님이 기뻐하는 타종교를 향한 좋은 교류가 될 것입니다. 그러나 문제는 부정적인 교류입니다. 아무리 좋은 명분으로 교류를 한다고 할지라도 예수 그리스도의 복음과 구원을 희석시키는 연합이라면 우리는 단호히 이러한 교류를 거부해야 합니다. 이러한 태도가 독선적이며 배타적이라고 비난하더라도 우리는 단호히 거부해야 합니다. 왜냐하면 하나님은 성경을 통해 진리가 무엇인지를 분명하게 말씀해 주셨기 때문입니다.

> "다른 이로써는 구원을 받을 수 없나니 천하사람 중에 구원을 받을 만한 다른 이름을 우리에게 주신 일이 없음이라 하였더라"(행 4:12, 개정)

예수 그리스도를 통하지 않고서는 절대로 구원을 받을 수가 없습니다. 어떤 종교를 따르는 자가 천만 명이든, 수 십억 명이든 숫자는 중요한 것이 아닙니다. 수 십억 명이 그 종교를 믿는다 해도 예수 그리스도를 믿지 않는다면 구원은 없습니다. 구원은 오직 예수 그리스도를 통해서만 이루어지기 때문입니다. 만약 다른 종교에도 구원이 있었다면, 많은 예수님의 제자들과 사도 바울이 목숨을 바치면서까지 그렇게 복음을 전하지 않았을 것입니다.

겉으로만 보면 모든 종교가 아름다운 것들을 추구하는 것처럼 보입니다. 평화와 구제와 화합을 이야기합니다. 같은 구원을 추구하는 것처럼 보입니다. 이것이 바로 사탄이 만든 거짓 종교의 특징입니다. 사탄은 계속해서 거짓 종교들을 만들어 사람들을 미혹할 것입니다. 하지만 그 종교에 '사탄의 본성은 넣지 않습니다.' 좋은 것들을 추구하게 하되 구원의 열쇠이신 예수 그리스도만 없게 하는 것입니다. 또한 사탄은 계속해서 이런 종교들을 통해 통합과 화합을 주장해 나갑니다. 이것을 통해 사탄이 이루고자 하는 것은 '타종교에도 구원이 있다'는 것을 인정케 함으로서 예수 그리스도를 통한 구원을 무력화시키는 것입니다.

그러나 하나님은 '이러한 사탄의 공격을 허용하실 것'입니다. 하나님은 사탄을 '참 신앙과 거짓 신앙을 가늠하기 위한 도구'로 사용하시기 때문입니다. 사탄은 계속해서 종교적인 연합과 통합을 이루려고 시도할 것입니다. 이를 통해 예수 그리스도를 통한 구원의 교리를 무력화시키기 위해서입니다. 하지만 이때 누가 참 신자이고 거짓 신자인지 드러나게 될 것입니다. 사탄이 이렇게 거짓 종교들을 앞세워 종교적인 연합을 시도할 때 '어떻게 반응하느냐'에 따라 하나님 앞에서 '양과 염소로 구분'될 것입니다.

많은 믿음의 선배들은 '예수 그리스도의 믿음'을 지키기 위해 기꺼이 목숨을 걸고 순교를 택했습니다. 물론 우리는 순교까지는 아니더라도, '예수 그리스도를 통한 구원'을 지켜 나가야 합니다. 이렇게 될 때 사탄의 거짓 종교, 이단을 통한 미혹에 넘어지지 않고 견고히 서게 될 것입니다.

이단을 통한 미혹

우리는 사탄이 거짓 종교들을 통해 우리를 어떻게 미혹하는가에 대해 보았습니다. 이제는 이 보다 더 강력한 미혹의 수단인 '이단'에 대해 살펴보고자 합니다.

이단이 무엇입니까? '끝이 다르다는 것'입니다. 다 같은데 끝이 다른 것입니다. 그래서 우리는 거짓 종교보다 이단에 더 쉽게 빠지기 쉽습니다. 거짓 종교는 구원의 열쇠조차 완전히 다른 것으로 시작하기 때문에 구분이 쉽습니다. 그러나 이단은 성경과 성령에 대한 영적인 원리들을 알고 있기 때문에 이것을 무기로 그리스도인들을 공격합니다. 그래서 그리스도인들이 넘어지기 쉽습니다. 사탄이 이런 이단을 통해 많은 그리스도인들을 미혹하고 넘어뜨리는 것입니다.

그렇다면 그리스도인들이 이단의 유혹에 쉽게 빠지는 이유는 무엇 때문일까요?

그것은 기존의 교회들이 '영적인 갈망을 채워주지 못하기 때문'입니다. 이단이 이 틈을 공격하는 것입니다. 그 갈망을 이용하는 것입니다. 또한 이단 교주들이 이적과 기적을 행할 수 있기 때문입니다. 이단의 교주들은 사탄이 사용하는 강력한 미혹의 도구들이기 때문에, 사탄은 이들에게 권능과 능력을 부어 줍니다. 그래서 이들을 통해 이적과 기적과 표적이 일어나도록 합니다. 이러한 이적과 기적을 성령의 역사하심으로 오해하도록 만들기 때문에 이단에 더 쉽게 빠지는 것입니다. 만약 성령의 사람이라면 이단의 가르침이나 이적과 기적을 보게 될 때 '거부감'이나 '영적 분별력'을 통해 그것을 판단할 수 있을 것입니다. 그러나 이단의 미혹에 묶인 자들은 이것을 분별하지 못하고 오히려 이단의 주장이 참인 것처럼 받아들입니다. 이단의 '미혹의 영'이 그 사람을 사로잡았기 때문입니다.

우리가 주목해야 할 것은 이단의 이론이 그럴싸해서 그 사람이 이단에 빠진 것이 아니라는 점입니다. 성령의 분별력이 없음으로 미혹의 영에 묶인 것입니다. 이런 이유로 이단에 빠진 사람에게 성경을 가르치고, 야단을 친다 해도 깨닫지 못합니다. 왜냐하면 이미 이단의 미혹의 영이 그 사람의 눈을 가렸기 때문입니다. 그러므로 이단에 빠진 사람을 구해내려면 먼저 그 사람을 잡고 있는 이단의 영, 미혹의 영을 지속적으로 대적해야 합니다. 그리고 이단에서 끊어지면 회개시키며 말씀으로 다시 양육하여 성령을 체험하도록 해야 합니다.

예수님께서는 마지막 때에는 적그리스도뿐만 아니라 사람들을 미혹할 거짓 선지자자들이 여기저기서 일어날 것이라고 예언하셨습니다(마 24:5, 11). 그러므로 마지막 때에는 '이단'이 더 득세하여 일어날 것이며 심지어 기독교 안에서 조차도 거짓 선지자들이 일어나 신자들을 미혹할 것입니다. 사탄은 할 수만 있다면 모든 방법을 동원하여 믿는 자들을 미혹하여 '구원의 자리'에서 떨어뜨리려 하기 때문입니다.

점치는 것을 통한 미혹

이 부분은 중요하기 때문에 좀 더 깊고 자세하게 살펴보고자 합니다.

내가 어렸을 적 제사를 지낼 때마다 찾아 온 귀신을 아버지의 영혼으로 믿은 이유는 그 귀신이 아버지의 행동을 그대로 했을 뿐만 아니라, 그 귀신이 점을 치는 능력이 있었기 때문입니다. 우리와 아버지 사이에 관계된 과거와 현재의 일들을 모두 정확히 맞추었기 때문에 그 귀신을 아버지의 영혼으로 인정한 것입니다. 이렇게 우리 가족 모두는 그 귀신에게 묶이게 되었고 제사 때마다 의도적으로 그 귀신을 초청하기 시작했습니다. 이것이 바로 귀신이 점을 통해 사람을 미혹하여 묶는 방법입니다.

불신자인 경우는 무속인이나 점쟁이들을 통해 미혹하고, 믿는 자들의 경우는 거짓 선지자나 거짓 예언자들을 통해 미혹합니다.

그렇다면 사탄은 점을 통해 어떠한 방법으로 사람을 묶는 것일까요?

사탄도 하나님의 방법을 모방하는데 성령님이 하시는 방법과 비슷합니다. 우리는 성령이 충만한 사람에게 안수를 받을 때, 그 사람들을 통해 은사들이 전이될 수 있다는 것을 압니다. 예를 들어 내가 방언의 은사를 받고 다른 사람들 위해 간절히 기도했을 때 그 사람에게도 방언이 임했습니다. 이것이 은사자를 통한 영적인 전이입니다. 또 어떤 경우 신유사역자를 통해 병고침을 받거나 안수 받았을 때 신유의 은사가 임하는 것을 경험하기도 합니다. 또한 방언의 통변이 있는 은사자와 함께 기도할 때 자신에게도 방언의 통변이 열리는 것을 경험하기도 합니다. 사도 바울이 로마에 있는 신자들에게 신령한 은사를 나누어 주기를 원한다고 했는데 이것이 바로 영적 전이를 말하는 것입니다.

"내가 너희 보기를 간절히 원하는 것은 어떤 신령한 은사를 너희에게 나누어 주어 너희를 견고하게 하려 함이니" (롬 1:11, 개정)

그런데 사탄도 비슷하게 이것을 행한다는 것입니다.

사탄의 '강력한 도구들'에게서도 능력과 권세가 나타납니다. 이들의 기도를 받고 가르침을 받을 때, 성령을 통해 영적인 전이가 일어나는 것처럼, 기도를 받고 가르침을 받는 사람에게 악한 영의 전이가 일어나는 것입니다. 이런 이유로 목회자들이 아무에게나 함부로 기도나 안수를 받지 말라고 하는 것입니다.

그런데 점을 볼 때도 이렇게 영적으로 묶이는 현상이 일어납니다. 사탄이 점을 통해 영적으로 묶을 때 사람들이 쉽게 미혹되어 묶이는 이유는 점의 정확성 때문입니다. 자신의 것들을 정확히 맞추기 때문입니다. 이렇게 해서 사람들은 자신도 모르게 점을 통해 사탄에게 묶이게 되는 것입니다. 이후 계속해서 점 가운데 자신을 더 노출시킨다면 사탄의 묶임은 더 강해지게 됩니다. 점쟁이의 말이 그 사람의 삶을 지배하게 되는 것입니다. 이것이 사탄에 미혹되어 묶인 사람의 모습입니다.

그러나 문제는 이러한 사탄의 묶임은 그 사람의 대에서만 끝나지 않고 '가계에 흐르는 저주'로 까지 전이될 수 있다는 것입니다. 예수 그리스도를 통해 끊지 않는다면 저주는 세대를 타고 후손에게 흘러가고, 저주의 강도는 더 강력해지게 됩니다.

예를 들어, 우리가 어떠한 죄를 지어 그 통로로 귀신이 들어왔다 할지라도 회개하며 죄를 끊는다면 귀신은 더 이상 우리를 지배할 수 없습니다. 이러한 귀신의 경우 세대를 타고 흘러가지 않습니다. 물론 자녀가 자신과 같은 죄를 짓고 있다면, 그 죄를 타고 내 안에 있던 귀신이 자녀에게 전이가 될 수는 있습니다. 그러나 죄를 통한 영적 전이는 일반적이지 않습니다.

그러나 우상 숭배(제사, 미신)의 영이나 점치는 영의 경우는 다릅니다. 이러한 귀신들은 세대를 통해 전이가 가능합니다. 왜 그럴까요?

그것은 우리가 우상 숭배나 점을 칠 때, 이것이 자신뿐 아니라 가족, 후손들까지 연관되기 때문입니다. 자신의 안위뿐만 아니라 가족, 후손의 안위까지 빌기 때문입니다. 사탄이 세대를 타고 흘러 내려 갈 수 있도록 통로를 열어 주는 것입니다. 자신이 의도하지는 않았을지라도 이렇게 사탄에게 가족도 묶이게 되는 것입니다. 이런 통로를 타고 귀신이 후손까지 흘러 내려가는 것입니다.

나는 대적사역을 하면서 이렇게 '이양된 권리'를 통해 내려온 귀신들이 문제를 일으키는 것을 보았습니다. 귀신은 이양된 권리를 통해 합법적으로 세대를 통해 내려오며 가계에 저주를 일으킵니다. 예를 들어 어떤 사람이 재정적인 문제로 무당을 찾아갑니다. 점을 칠 때 무당은 해결책과 방법을 알려 줍니다. 그리고 그 점쟁이 말대로 이루어집니다. 그 사람은 다시 점쟁이를 찾습니다. 더 의지합니다. 이렇게 해서 더 묶이게 됩니다.

그러나 이러한 방법으로 침투한 사탄은 후손을 통해 내려올 때는 자신의 본색을 드러냅니다. 세대를 타고 흘러 내려오면서 이제는 그 가계에 재정적인 문제와 궁핍이 일어나도록 문제를 일으킵니다. 사탄이 이렇게 할 수 있는 이유는 내 조상의 누군가가 '재정적인 문제를 사탄에게 이양했기 때문'입니다. 만약 어떤 사람이 그 사람의 인격이나 성품적인 것을 악한 영에게 귀의시켰다면 처음에는 그것이 잘 풀어지는 것 같지만 새로 태어난 자녀들이나 후손들에게는 오히려 그 부분에서 문제가 일어나게 되는 것입니다. 이것이 바로 사탄이 우상 숭배나 점치는 것을 통해 그 사람과 관련된 사람들을 파멸시키는 방법입니다.

"그것들에게 절하지 말며 그것들을 섬기지 말라 나 네 하나님 여호와는 질투하는 하나님인즉 나를 미워하는 자의 죄를 갚되 아버지로부터 아들에게로 삼사 대까지 이르게 하거니와 나를 사랑하고 내 계명을 지키는 자에게는 천 대까지 은혜를 베푸느니라"(출 20:5-6, 개정)

하나님의 말씀처럼 사탄의 것들을 섬기면 세대를 통해 흘러가는 것입니다. 그리고 가계에 흐르는 저주가 되는 것입니다. 그러나 사탄이 아무리 강력하다해도 예수 그리스도를 통해 끊으면 그 저주는 끊어지게 됩니다.

"나사렛 예수 그리스도 이름으로 명하노니 가계로부터 흘러 내려온 모든 저주는 끊어질지어다. 우상 숭배의 영아! 점치는 영아 다 끊어질지어다!"라고 명령하는 것입니다. 혹시 집 안에 자살의 영이 지배하고 있다면 예수 그리스도 이름으로 끊어 버리는 것입니다.

우리 집안은 이 자살의 영이 지배하고 있었습니다. 아버지 가계에 유독 자살하는 사람이 많았습니다. 이 가계를 통해 흘러온 자살의 저주 때문에 우리 가족은 6명 중 3명이 자살했습니다. 사탄의 저주는 내려올수록 커지고 강력해지는 것입니다. 그러나 아무리 저주가 강해도 하나님 앞에 서게 되면 모든 저주는 끊어지게 됩니다(출 20:6).

점의 영적인 세계
미혹의 실질적인 사역자들 : '점치는 자들'

사탄은 영적 존재이기 때문에 직접 우리에게 점을 쳐줄 수가 없습니다. 도구가 필요한 것입니다. 이 일을 행하기 위한 사탄의 도구들이 '점치는 자들'입니다. 이들은 무당이나 점쟁이일 수도 있고, 거짓 종교의 지도자들일 수 있으며 이단의 교주들일 수도 있습니다. 드러나는 사역만 달랐지 결국 사탄의 도구입니다. 그런데 사탄이 기독교 안에서도 이제

공공연히 거짓 선지자, 거짓 예언자들을 통해서 동일한 일들을 행합니다. 이 부분은 뒤에서 더 자세하게 다룰 것입니다. 사탄은 이들을 도구로 하여 사람들을 영적으로 묶습니다.

성경에서는 사도행전에 나오는 '점치는 여자'나 '바예수'가 바로 이런 사탄의 도구였습니다.

> "우리가 기도하는 곳에 가다가 점치는 귀신 들린 여종 하나를 만나니 점으로 그 주인들에게 큰 이익을 주는 자라" (행 16:16, 개정)

사탄은 점으로 사람들을 묶고 점치는 자들에게는 그 대가로 '재물과 명예'를 줍니다.

> "온 섬 가운데로 지나서 바보에 이르러 바예수라 하는 유대인 거짓 선지자인 마술사를 만나니 그가 총독 서기오 바울과 함께 있으니 서기오 바울은 지혜 있는 사람이라 바나바와 사울을 불러 하나님의 말씀을 듣고자 하더라 (행 13:6-7, 개정)

사탄은 바예수에게 총독과 함께 할 수 있는 '지위'를 주었습니다. 대신 사탄은 바예수를 이용하여 서기오 바울 충독을 묶고 지배했던 것입니다. 그런데 사도 바울이 이것을 깨뜨리려 하자 사탄이 바예수를 통해 방해한 것입니다.

"이 마술사 엘루마는 (이 이름을 번역하면 마술사라) 그들을 대적하여 총독으로 믿지 못하게 힘쓰니" (행 13:8, 개정)

그러나 성령님의 역사 앞에 사탄의 세력들은 무릎을 꿇고 맙니다.

"바울이라고 하는 사울이 성령이 충만하여 그를 주목하고 이르되 모든 거짓과 악행이 가득한 자요 마귀의 자식이요 모든 의의 원수여 주의 바른 길을 굽게 하기를 그치지 아니하겠느냐 보라 이제 주의 손이 네 위에 있으니 네가 맹인이 되어 얼마 동안 해를 보지 못하리라 하니 즉시 안개와 어둠이 그를 덮어 인도할 사람을 두루 구하는지라 이에 총독이 그렇게 된 것을 보고 믿으며 주의 가르치심을 놀랍게 여기니라" (행 13:9-12, 개정)

점치는 자들은 자신들이 귀신을 섬기고 있다는 것을 누구보다 더 잘 알고 있습니다. 그런데 왜 그들은 이것을 알면서도 귀신들을 섬길까요? 그것은 그 일을 함으로 재물과 명예와 지위가 보장되기 때문입니다. 이것을 포기하지 못하는 것입니다. 다른 측면으로는 기독교에 귀의할 때에만 귀신의 속박과 저주에서 벗어날 수 있다는 것을 알면서도 귀신의 보복이 두려운 것입니다. 이유야 어쨌든 이런 사람들이 사탄의 도구가 되어 점을 통해 사람들을 사탄에게 묶는 것입니다. 이렇게 사탄에게 묶이게 함으로 예수 그리스도께 나가지 못하게 하는 것입니다.

점치는 자들이 점을 치는 방법

우리가 점쟁이들을 무시하는 경향이 있지만, 사실 이들이 모시는 점치는 귀신은 사탄의 조직에서 높은 직급을 가진 귀신들입니다.[25] 이 점치는 귀신들은 보통 '이 어둠의 세상 주관자'에 속하는 계급의 영들입니다.[26] 그러나 경우에 따라서는 더 높은 직급의 귀신들이 점을 칠 수도 있습니다. 이런 직급을 가지고 있기 때문에 점을 치는 일이 가능한 것입니다.

그렇다면 이 귀신들은 어떤 방법으로 점을 치는 것일까요?

보통 점치는 자에게 들어 있는 귀신은 군대 조직으로 말하면 백부장이나 천부장처럼 높은 직급의 귀신입니다. 그래서 이들에게는 '다스릴 수 있는 영역'이 있습니다. 자기 직급 밑에 있는 귀신들을 다스릴 수 있는 통치권이 있는 것입니다. 점을 칠 때 이것을 사용합니다.

어떤 사람이 점을 치러 오면, 귀신이 그 사람의 미래를 보고 점을 치는 것이 아닙니다. 점치고자 하는 대상이 왔을 때 그 사람 안에 있는 악한 귀신과의 소통을 통해 점을 치는 것입니다.

점치는 귀신은 높은 직급을 가지고 있기 때문에 점치러 온 사람 안에 있는 귀신에게 정보를 받아 그것을 말하는 것입니다. 보통 점치는 자

---

25) 어떤 사람들은 점쟁이나 무당이 대충 눈치로 점을 본다고 생각을 합니다. 물론 이런 사이비 점쟁이들도 있을 것입니다. 그러나 정말 영험한 점쟁이들은 실제로 귀신과의 접신을 통해 점을 칩니다.
26) "우리의 씨름은 혈과 육을 상대하는 것이 아니요 통치자들과 권세들과 이 어둠의 세상 주관자들과 하늘에 있는 악의 영들을 상대함이라" (엡 6:12, 개정)

안에 들어 있는 귀신이 높은 계급을 가지고 있기 때문에 명령을 통해서 그 사람의 과거와 현재와 모든 고민을 파악하게 되는 것입니다. 그러므로 점쟁이는 점을 치기 전에 반드시 주문을 외우고 시간을 둡니다. 귀신과의 소통의 시간이 필요하기 때문입니다.

성경이 영적인 것은 영적인 것으로 분별한다(고전 2:13)고 말했듯이 귀신은 귀신을 통해 그 사람의 과거와 현재와 문제를 알아내는 것입니다. 그러나 점쟁이는 성령의 충만한 사람에게서는 점을 칠 수 없습니다. 왜냐하면 성령의 사람에게는 정보를 제공해 줄 귀신이 없기 때문입니다. 일명 점괘가 안 나오는 것입니다.

그러나 우리가 주목해야 할 것이 하나 있습니다. 귀신은 다른 귀신의 정보를 통해 점을 치기 때문에 과거와 현재까지는 정확하게 맞출 수 있습니다. 하지만 미래를 맞추는 것은 불가능합니다.

실제로 나에게는 이런 경험이 있습니다. 아버지 제사 때마다 찾아온 귀신이 점을 쳤는데 정확했습니다. 과거와 현재를 정확하게 맞췄습니다. 그리고 미래에 대해서도 말해 주었습니다. 우리는 그것을 믿었습니다. 왜냐하면 귀신이 과거와 현재를 정확하게 맞추었기 때문입니다. 그래서 자연스럽게 미래조차도 귀신의 말에 묶이도록 하는 것입니다.

그런데 나중에 보니까 귀신이 말한 미래는 맞지 않았습니다. 왜냐하면 예수님을 통해 우리 가족의 인생이 바뀌었기 때문입니다.

그러나 귀신이 미래를 말할 때 맞출 때도 있습니다. 이런 경우입니다.

점치는 사람이 무당이나 점쟁이에게 미래에 대해 말을 들으면 그 말에 순종하지 않으면 안 될 것 같은 압박감을 느끼게 됩니다. 또한 그 사람 안에서 역사하는 악한 영도 압박감을 줍니다. 순종하지 않는다면 해를 입을 것 같은 두려움을 느끼게 하는 겁니다. 그래서 그대로 따릅니다. 이렇게 귀신이 원하는 것을 함으로 그 귀신이 준비한 미래로 가게 되는 것입니다. 점대로 이루어지는 것입니다. 그런데 주목할 것은 귀신은 우리를 예수님으로부터 떼어 놓을 수 있는 방법만 있다면 그 사람에게 성공도 주고 돈도 주고 재물도 준다는 것입니다.

"무당이 말한 대로 했더니 그대로 잘됐다"라고 한다면 그 만큼 그 사람은 귀신에게 강하게 묶이고 귀신의 명령을 잘 따른 사람입니다. 반대로 말하면 그 사람은 예수 그리스도와 그 만큼 멀리 떨어져 있는 사람입니다.

귀신의 점을 따라도 일은 잘 될 수 있습니다. 단 거기에는 구원이 없습니다.

그러나 점대로 따랐음에도 맞지 않을 때는 '부정 탔다'거나 '공이 부족하다'는 식으로 문제를 그 사람에게 돌림으로 굿이나 부적을 통해 사탄의 영향력 아래 다시 묶이게 합니다.

사탄은 이런 식으로 점을 통해 미혹함으로 결국 그 사람의 일생을 귀신에 귀의하게 만듭니다. 예수 그리스도께 가는 길을 차단시키는 것입니다. 이것이 바로 사탄이 점의 미혹을 통해 노리는 것입니다.

그렇다면 사탄은 성령이 충만한 사람도 이렇게 점을 침으로서 그 사람을 묶을 수 있을까요? 신실한 그리스도인이 점을 친다면 과연 점괘는 정확하게 나올 수 있을까요?

예전에 나는 이것이 무척 궁금했습니다. 그래서 실제로 무당집에 찾아가 점을 쳐볼까 생각했는데, 장모님의 이야기를 듣고 그만 두었습니다. 장모님은 내 말을 듣더니 자신의 이야기를 들려주셨습니다.

지금으로부터 50년 전 이야기입니다.

장모님은 젊었을 때 병원에서 시한부 선고를 받았습니다. 병원에서 포기한 것입니다. 그래서 '어차피 죽을 거라면 기도하다 죽자'하고 교회에서 매일 철야를 하셨습니다. 그런데 교회 아시는 분 중에 좀 이상한 분이 계셨답니다. 점치는 신자였습니다. 이 분이 억지로 장모님을 끌고 무당한테 갔다고 합니다. 무당이 자신을 봤는데 점을 치지 못하더란 이야기였습니다. 그러면서 나에게 갈 필요 없다고 말씀해 주셨습니다.

왜 이런 현상이 일어날까요? 그것은 주인이 다르기 때문입니다.

무당이나 점쟁이는 귀신을 모시지만, 믿는 자들은 성령님을 모시기 때문입니다. 성령님이 점치는 귀신이 틈타지 못하도록 막으시는 것입니다. 그러므로 점쟁이나 무당이 우리의 점괘를 알아 낼 수가 없는 것입니다. 성령님이 보호하시기 때문입니다.

점치는 자의 능력 차이

이제부터 '어떻게 해서 점치는 자들 가운데서도 능력(영험함)의 차이가 나는가'에 대해 말씀 드리겠습니다.

누가복음 11장에서 보면 예수님께서 '말 못하는 귀신'을 쫓아내는 장면이 나옵니다. 말 못하게 하는 귀신이 쫓겨나자 곧 말을 하게 됩니다(눅 11:14). 그러자 이것을 보고 있던 사람들이 예수님의 능력을 보고는 귀신의 왕 바알세불[27]을 힘입어 귀신을 쫓아낸다고 합니다(눅 11:15). 그러자 예수님이 그들의 생각을 아시고 이렇게 말씀하십니다.

"예수께서 그들의 생각을 아시고 이르시되 스스로 분쟁하는 나라마다 황폐하여지며 스스로 분쟁하는 집은 무너지느니라 너희 말이 내가 바알세불을 힘입어 귀신을 쫓아낸다 하니 만일 사탄이 스스로 분쟁하면 그의 나라가 어떻게 서겠느냐 내가 바알세불을 힘입어 귀신을 쫓아내면 너희 아들들은 누구를 힘입어 쫓아내느냐 그러므로 그들이 너희 재판관이 되리라"(눅 11:17-19, 개정)

왜 점치는 사람들 사이에도 능력의 차이가 발생할까요? 그것은 그 점치는 사람 안에 '어떤 직급의 바알세불이 들어갔느냐'의 차이 때문입니다. 앞서 언급했듯이 '낮은 직급의 바알세불'이 그 사람에게 들어갔다

---

27) '귀신의 왕'이라고 합니다. 광의의 의미로 보면 사탄의 세력을 총칭할 수도 있습니다. 그러나 협의의 의미로서 바알세불은 자기 수하에 다스릴 수 있는 귀신을 가진 군대의 장을 말하기도 합니다.

면 점치는 여종처럼 협소한 의미에서 재물을 탐하며 자기 유익을 위해 점을 치는 수준에 머물게 됩니다. 그러나 높은 직급의 바알세불, 예를 들어 통치자급이나 권세자급의 바알세불의 영이 들어간다면 능력이 다르게 나타납니다. 바예수와 같은 자는 큰 영향력을 행사한 사람이었습니다. 총독과 같은 권력을 가진 정치인 옆에서 영적인 것을 주입함으로 큰 영향을 미칠 수 있는 것입니다. 작게는 정치에 영향력을 미칠 뿐 아니라 크게는 한 나라도 좌지우지할 수 있는 영향력을 행사하게 되는 것입니다. 그러므로 높은 직급의 영적 권위를 가진 바알세불이 점치는 자에게 들어갔을 때는 그가 내뱉는 말들에 강력한 권위가 있게 되는 것입니다.

이런 이유로 점치는 사람들 사이에 능력(영험함)의 차이가 나타나는 것입니다. 이렇게 바알세불의 능력 차이가 영향력의 차이를 발생시키는 것입니다.

뿐만 아니라 직급이 높은 바알세불에게는 점을 치는 능력뿐 아니라 귀신을 쫓아낼 수 있는 능력까지도 있습니다. 그러나 이것은 실제로 바알세불이 귀신을 쫓아내는 것이 아니라 낮은 위치에 있는 귀신을 자기 뜻대로 통제하는 것입니다. 만약 아픈 사람이 질병을 치유하기 위해 무당을 찾아 간다면 무당 안의 바알세불이 질병을 일으키는 귀신을 쫓아내는 것이 아니라 질병을 건드리지 말고 잠잠히 있으라고 명령을 하는 것입니다. 이렇게 귀신이 나간 듯한 착각을 주는 것입니다. 분쟁하며 쫓아낸다면 사탄의 나라가 제대로 설 수 없기 때문입니다(눅 11:18) 분쟁

Part 1 악령의 영적 세계　105

이 아니라 오히려 이렇게 연합을 하는 것입니다. 그리고는 많은 재물을 요구합니다. 이 재물은 귀신이 필요해서가 아니라, 귀신을 모신 점치는 자에게 주어지게 되는 상급입니다.

사람들이 점치는 자에게 점을 의뢰하며 재물을 가지고 머리를 조아릴 때 그의 점이 맞지 않는다면 점치는 자의 영향력은 이미 사라졌을 것입니다. 수천 년이 흐르는 동안 점치는 자들이 이 땅 가운데 없어지지 않고 존재할 수 있었던 이유는 그들의 점이 정확하고 능력이 있기 때문입니다. 바알세불을 힘입어 능력이 나오기 때문입니다.

바알세불과 예수님을 힘입어 귀신을 쫓아내는 것의 차이

사실 귀신은 귀신을 쫓지 않습니다. 높은 직급의 귀신이 낮은 직급의 귀신에게 영적인 권위로 명령하여 잠잠케 만드는 것입니다. 그러므로 무당이나 퇴마사가 바알세불을 힘입어 귀신을 쫓을 때는 귀신이 완전히 나간 것이 아니라 잠시 이동을 하거나 숨어 잠잠히 있는 것입니다. 이로 인한 결과로 반드시 재물을 요구합니다. 이 재물이 바로 점쟁이의 몫입니다. 그리고 점쟁이가 바알세불의 귀신을 더 잘 돕는다면 더 많은 재물과 영향력을 안겨 줍니다.

그러나 시간이 지나면 잠잠했던 낮은 직급의 귀신은 다시 활동을 시작합니다. 그런데 점을 본 사람은 점치는 자에게 통로를 더 열어주었음으로 귀신의 지배가 더 강력하게 일어나며 상황이 더 좋지 않게 됩니다.

그러나 바알세불이 아니라 성령을 힘입어 귀신을 쫓을 때는 어떠한 일이 일어납니까?

예수님은 말씀하십니다.

"그러나 내가 만일 하나님의 손을 힘입어 귀신을 쫓아낸다면 하나님의 나라가 이미 너희에게 임하였느니라" (눅 11:20, 개정)

이 말씀이 무슨 뜻입니까? 이전까지는 귀신에 의해 지배를 받았지만 하나님의 능력으로 귀신을 쫓아냈음으로 하나님이 그 사람을 통치하기 시작한다는 것입니다. 그 사람에게 하나님의 나라(통치)가 임한 것입니다.

제사 때 아버지를 가장한 귀신이 와서 지옥에 대해 이야기해 주었습니다. 그러면서 한 말이 우리가 예수를 믿게 된다면 자신이 더 이상 올 수 없다고 이야기를 하는 것이었습니다. 그 당시에는 이게 무슨 말인지 잘 몰랐습니다. 그러나 이후에 예수님을 믿고 신앙이 성장하면서 그 말의 뜻이 무엇인지 이해하게 되었습니다.

우리가 예수님을 믿게 된다면, 거룩한 성령님이 우리와 함께 거하시므로 귀신이 더 이상 그 곳에 머물 수 없게 되는 것입니다. 하나님의 나라가 임한 곳에 귀신이 범접할 수 없는 것입니다.

예수님의 말씀이 바로 이 뜻입니다.

우리가 하나님의 손으로 귀신을 쫓아낸다면, 그 귀신은 예수님의 권능 때문에 나간 것임으로 그 자리에 하나님의 나라(통치)가 임하게 됩니다. 그래서 하나님의 나라가 임한 곳에는 귀신이 머물 수 없습니다. 그러나 바알세불을 힘입어 귀신을 쫓아내는 것은 강한 귀신이 일시적으로 약한 귀신을 쫓아내는 것이거나, 아니면 귀신을 그 곳에 계속 머물게 하되 잠잠하게 하는 것이므로 거기에는 여전히 귀신의 나라(지배)가 남아 있게 됩니다.

이것이 하나님의 권능으로 귀신을 쫓아냈을 때와 바알세불을 힘입어 귀신을 쫓아냈을 때의 차이입니다.

거짓 예언자에 대한 예언의 분별

이제부터는 기독교 내에서 사탄의 도구로 사용되는 거짓 예언자들에 대해 말씀을 드리고자 합니다.

나는 많은 그리스도인들이 예언을 듣고 그것에 묶이는 경우를 보았습니다.

"목사님, 어떤 기도원(집회, 예언사역자를 통해)에 갔다가 예언을 들었는데 이런 저런 예언을 들었어요"

그러면서 그 사람이 예언과 예언자에게 묶여 있는 것을 보았습니다.

또 어떤 분은 "그 예언이 하나님의 예언인지 아닌지 어떻게 분별해야 합니까?"라고 묻기도 합니다. 다른 분은 "예언" 그 자체를 무시하기도 합니다.

그런데 과연 지금도 하나님은 동일하게 예언을 통해 역사를 하실까요?

이에 대한 대답은 하나님은 '어제나 오늘이나 영원토록 동일하신 분'이라는 것입니다. 하나님이 구약 시대에 예언자를 통해 일하셨고, 신약 시대에도 동일하게 일하셨다면, 우리가 사는 이 시대에도 동일한 방법으로 일하신다는 것입니다. 왜냐하면 하나님은 구약과 신약에서만 일하시고 지금은 쉬시는 분이 아니기 때문입니다. 그런데 문제는 하나님도 일하시지만 사탄도 구약과 신약에서처럼 여전히 거짓 선지자와 거짓 예언자를 통해 동일하게 일을 한다는 것입니다(마 7:15, 마 24:11). 그러므로 우리는 어떤 것이 참인지 구별할 수 있는 분별력이 있어야 합니다.

이제 여기서 하나님의 참 예언자와 사탄의 거짓 예언자를 어떻게 구분하는지에 대해 말씀을 드리고자 합니다.

① '돈'에 대한 태도

무당이나 점쟁이는 굿을 하건 점을 하건 반드시 '돈'과 연관이 되어 있습니다. 그런데 거짓 예언자들도 직간접으로 이 돈과 연결됩니다. 비록 직접적으로 요구하지 않을지라도 다른 명목으로라도 돈과 연결이 됩니다. 그러나 하나님은 사역자들에게 분명하고 단호하게 말씀하십니다.

"거저 받았으니 거저 주어라(마 10:8)."

이것이 성경의 원칙입니다.

그럼 이렇게 이야기하는 사람도 있을 수 있습니다.

"성경은 일한 자가 그 수고의 대가를 받는 것이 당연하다고 말하고 있지 않느냐?"

맞습니다.

그러나 성경에 어디에도 하나님의 역사를 직접 금전으로 취하라고 하는 곳은 없습니다. 나아만을 치료한 엘리사가 금전적인 이득을 취했습니까?

오히려 이렇게 이야기했습니다.

> "나아만이 모든 군대와 함께 하나님의 사람에게로 도로 와서 그의 앞에 서서 이르되 내가 이제 이스라엘 외에는 온 천하에 신이 없는 줄을 아나이다 청하건대 당신의 종에게서 예물을 받으소서 하니 이르되 내가 섬기는 여호와께서 살아 계심을 두고 맹세하노니 내가 그 앞에서 받지 아니하리라 하였더라 나아만이 받으라고 강권하되 그가 거절하니라" (왕하 5:15-16, 개정)

이것이 바로 하나님의 참 사역자의 모습입니다. 하나님의 역사를 금전으로 가로채지 않는 것입니다!

물론 사역자가 교회에서 사례비를 받는 것은 그의 당연한 몫입니다. 그러나 사역의 대가로 그 자리에서 금전을 취하는 행동은 하나님의 영광을 돈으로 가로채는 행동입니다. 삯군 목자의 모습입니다. 점쟁이도 이렇게 하고 거짓 예언자들도 이렇게 합니다. 그러나 참 예언자인 엘리사는 그렇게 하지 않았습니다.

그리고 우리가 사역의 대가로 돈을 받지 말아야 할 이유가 또 있습니다. 그것은 사역자들이 돈을 받기 시작할 때 '탐욕'이 자리 잡을 수 있기 때문입니다. 또한 이런 식으로 사역자가 스스로의 필요를 채우기 시작할 때 하나님의 공급하심을 제한할 수 있기 때문입니다.

우리는 예언을 받기 전에 예언의 대가가 돈과 연관되어 있는지를 보아야 합니다. 만약 예언의 대가로 금전을 요구한다면, 혹은 거절하지 않는다면 그 사람은 참 예언자가 아닐 가능성이 높습니다. 이런 사람에게 예언을 받는 것은 가급적 삼가시기 바랍니다.

② 거짓 예언자의 예언 내용 - '길흉화복'
거짓 예언자와 참 예언자는 '돈'에 대한 태도로서 구별할 수 있습니다. 또한 이뿐 아니라 예언의 내용을 통해서도 그 사람이 참 예언자인지 거짓 예언자인지를 구분할 수 있습니다.
보통 무당이나 점쟁이가 점을 칠 때 다루는 내용이 무엇입니까? '길흉화복'입니다.
"성공하려면, 출세하려면, 돈을 많이 벌려면, 결혼하려면, 액운을 떼어내려면 이렇게 이렇게 하라"고 말합니다. '길흉화복'에 대해 말하는 것입니다. 그러나 하나님의 예언은 그렇지 않습니다.

"이와는 달리 예언하는 사람은 사람에게 말합니다. 그는 사람들에게 덕

을 세우며, 용기를 북돋우고 위로를 주는 말을 합니다."[28] (고전 14:3, 쉬운)

하나님의 예언은 '덕을 세우며, 용기를 북돋아 주고, 위로의 말씀'이 주를 이룹니다. 하나님의 예언은 '신앙적인 것'과 연관되어 있습니다.

물론 어떤 사람에게는 33평 아파트에서 50평으로 옮기는 것이 위로의 말일지 모르지만, 하나님은 우리가 하나님을 잘 믿고 끝까지 믿음을 지켜 천국에 오는 것을 목적으로 하시기에 반드시 그 사람의 신앙적인 것에 관련해 예언을 해주십니다.

만약에 그 사람이 신앙적인 부분이 부족하다면 힘을 내서 일어나도록 격려하시거나, 만약 직장에 대해 이야기를 하더라도 그 사람이 언제 승진될 것인가를 말씀하시는 것이 아니라 하나님이 왜 그 사람을 그 직장에 있게 하셨는가에 대해 말씀하십니다.

하나님의 예언은 반드시 그 사람의 신앙과 연관되어 있습니다. 그 신앙에 대해 덕을 세우게 하시며, 용기를 북돋아 주시며, 위로의 말씀을 주시는 것입니다.

반면 거짓 예언자들은 예언을 할 때, 무당처럼 길흉화복에 대해 이야기합니다.

---

28) "그러나 예언하는 자는 사람에게 말하여 덕을 세우며 권면하며 위로하는 것이요" (고전 14:3, 개정)

사탄이 하는 모든 일의 목적은 하나님과 관계를 맺지 못하게 하는 것입니다. 그러므로 사탄은 거짓 예언자들 통해 '어떻게 하면 신앙이 잘 성장하고 하나님과의 관계가 깊어질 수 있는가'는 절대 말하지 않습니다. 오히려 어떤 수단과 방법을 통해서라도 하나님과의 관계를 맺지 못하게 하려고 합니다. 그래서 거짓 예언자들은 신앙의 내용이 아니라 세상적인 것(길흉화복)에 대해 이야기합니다. 세상으로 현혹하여 신앙으로부터 멀어지게 하는 것입니다. 거짓 예언자들은 우리가 고민하는 것을 정확히 알아내고 말해줌으로서 그 거짓 예언자와 그 예언에 묶이도록 하는 것입니다. 사탄이 무당이나 점쟁이를 통해 하는 방법과 똑같습니다. 차이는 무당은 불신자를 사탄에게 묶지만, 거짓 예언자들은 믿는 자들을 사탄에게 묶는다는 것입니다.

그러나 하나님도 종종 길흉화복에 대해 말씀하실 때가 있습니다. 이러한 경우는 하나님이 이것을 디딤돌로 우리의 신앙을 더 성장시키기 위해 말씀하시는 것입니다. 하나님의 예언은 길흉화복조차도 신앙적인 것과 연관되어 있다는 것입니다.

그러므로 혹시 예언을 받을 때 그 예언자가 '길흉화복'에 초점에 맞춰 말한다면 거짓 예언자일 가능성이 높습니다. 또 예언을 하면서 저주나 무시나 부정적인 말과 태도로 한다면 그 사람도 거짓 예언자일 가능성이 높습니다. 하나님은 상한 갈대도 꺾지 않으시는 분이십니다(마 12:20). 비록 우리가 잘못을 했다하더라도 저주하는 것이 아니라 오히려 그런 연약한 부분을 감싸주시며 신앙의 덕을 세우도록 길을 안내해 주시며, 위로하시고 격려해 주십니다. 하나님의 속성이 사랑이기 때문입니다(요일 4:16). 그래서 하나님의 예언 속에 신앙의 덕을 세우는 것이 포함되어 있으며, 용기를 북돋아주는 말씀이 있는 것이며, 위로와 격려의 말씀이 있는 것입니다.

이것이 참 예언자와 거짓 예언자를 구별할 수 있는 두 번째 방법입니다. 거짓 예언자는 사탄의 통치를 받기 때문에 신앙적인 것을 이야기하면서 위로하고 용기를 주며 덕을 세우게 할 수 없습니다. 길흉화복을 이야기하고 부정적인 것, 세상적인 것을 주로 말하며 어느 경우에는 저주까지도 쏟아냅니다. 사탄이 주관하는 자이기 때문입니다.

③ '열매'를 통한 구분

우리는 또 '성령의 열매'를 통해 참 예언자와 거짓 예언자를 구별해 낼 수 있습니다. 이것이 가장 중요한 구별 방법입니다.

거짓 예언자들도 어느 때는 하나님의 예언을 가장하여 쏟아 낼 수 있습니다. 사탄이 광명의 천사로도 가장할 수 있기 때문입니다. 그러나 거짓 예언자들이 할 수 없는 것이 있습니다. 그것은 자신의 삶 가운데서 '성령의 열매'를 맺을 수 없다는 것입니다. 그 주인이 성령님이 아니라 사탄이기 때문입니다.

만약 예언 사역자를 만나 기도를 받기로 했다면, 만나기 전에 그 사람이 삶에서 어떤 성령의 열매를 맺고 있는지를 살펴보십시오. '예언이 얼마나 정확한가'가 먼저가 아닙니다. 무당도 족집게처럼 맞출 수 있습니다.

가장 먼저 보아야 할 것은 그 사람의 삶에서 성령의 열매를 보는 것입니다.

> "오직 성령의 열매는 사랑과 희락과 화평과 오래 참음과 자비와 양선과 충성과 온유와 절제니 이 같은 것을 금지할 법이 없느니라"(갈 5:22-23, 개정)

만약 예언자가 자기 영광을 구하고 자기 의를 나타내는 행동을 합니까?

교만한 모습이 있습니까?

사람들을 무시합니까?

말을 함부로 합니까?

돈을 탐하는 모습이 있습니까?

거짓 예언자입니다!

우리는 이러한 방법들을 통해 거짓 예언자를 구별해 낼 수 있습니다.

그 예언자가 예언의 대가로 돈을 직간접적으로 요구를 하는지, 길흉화복을 이야기하는지, 성령의 열매가 있는지를 통해 그 예언자가 참 예언자인지 거짓 예언자인지 구별할 수 있습니다.

예수님께서 말씀하셨습니다. 마지막 때에는 적그리스도들과 많은 거짓 선지자(예언자)들이 일어나 우리를 미혹할 것이라고 말입니다(마 24:5, 11). 그러나 우리가 이러한 구별법을 알고 있다면 우리는 거짓 예언자들의 미혹에 넘어지지 않을 것입니다.

거짓 선지자(예언자)와 연관되어 말세에 일어날 일의 징조

이제 거짓 선지자(예언자)에 관련된 말세에 일어날 징조에 대해 말씀을 드리고자 합니다.

예수님께서는 마태복음 24장에서 말세에 나타날 징조에 대해 이야기 하셨습니다.

> "예수께서 대답하여 이르시되 너희가 사람의 미혹을 받지 않도록 주의하라 많은 사람이 내 이름으로 와서 이르되 나는 그리스도라 하여 많은 사람을 미혹하리라… …거짓 선지자가 많이 일어나 많은 사람을 미혹하겠으며 불법이 성하므로 많은 사람의 사랑이 식어지리라"(마 24:4-5, 11-12, 개정)

예수님은 말세의 첫 번째 징조 중에 하나가 '미혹하는 일'이라고 하셨습니다. 적그리스도가 일어나 미혹할 것이며 많은 거짓 선지자들이 일어나 미혹을 할 것이라고 말씀하셨습니다.

그렇다면 왜 많은 말세의 징조 중에 유독 '미혹'하는 일이 먼저 일어나는 것일까요?

이것을 이해하기 위해서는 먼저 하나님의 예언 성취의 흐름을 알아야 합니다. 하나님께서는 구약의 요엘 선지자를 통해 말세 때에 일어날 일을 예언하셨습니다.

"그 후에 내가 내 영을 만민에게 부어 주리니 너희 자녀들이 장래 일을 말할 것이며 너희 늙은이는 꿈을 꾸며 너희 젊은이는 이상을 볼 것이며 그 때에 내가 또 내 영을 남종과 여종에게 부어 줄 것이며"(욜 2:28-29, 개정)

하나님은 말세 때가 되면 "자녀들이 장래 일을 말할 것(예언)이며 늙은이들은 꿈을 꾸며 젊은이들은 이상(환상)을 보게 될 것"이라고 말씀하셨습니다. 이 말은 말세에는 많은 사람들의 '예언과 꿈과 환상'을 통해 하나님의 장래 일들이 예언되어지고 보여지게 될 것이라는 말입니다. 결국 하나님의 예언 사역(예언, 꿈, 환상을 통해)이 크게 일어난다는 뜻입니다.

그런데 문제는 사탄도 이것을 다 알고 있다는 것입니다. 그래서 사탄은 이것을 방해하기 위해 말세가 시작될 때 거짓 선지자(예언자)들을 세워 하나님의 일을 방해하며 미혹하는 것입니다. 그래서 마지막 때, 미혹하는 일이 가장 먼저 일어나는 것입니다.

그러므로 우리는 많은 사람들을 통해 예언과 꿈과 환상이 일어나고, 또한 많은 거짓 선지자(예언자)들이 일어나 사람들을 미혹하는 일들을 보게 된다면, 이 때가 요엘 예언의 성취의 때요, 마지막 때임을 알 수 있습니다.

제사를 통한 미혹

앞에서 우리는 사탄이 점쟁이를 통해, 거짓 예언자들을 통해 어떻게 우리를 미혹하는지 살펴보았습니다.

이번 장에서는 귀신들이 또 어떻게 제사를 통해 우리를 미혹하는지 말씀드리겠습니다.

많은 사람들이 제사를 지내면서 오해를 하는 것이 있습니다. 그것은 제사가 '죽은 자나 조상을 섬기는 예'라고 믿는다는 것입니다.

나도 사실 오랫동안 이렇게 생각을 해 왔습니다. 특히 나에게는 이에 대한 직접적인 체험이 있었습니다. 제사를 통해 아버지의 영혼을 만났기 때문입니다. 1권에서 말씀드렸듯이 제삿날 아버지 영혼은 어머니의 입신을 통해 찾아왔습니다. 그리고 아버지와 비슷한 말투를 사용했고, 살아 있을 때의 모습으로 행동했었습니다. 예를 들어 손으로 제상에 있는 반찬을 먹는가 하면, 막걸리를 새끼손가락으로 저으면서 먹었습니다. 술을 드셨을 때 우리 아버지의 특징이었습니다. 그러면서 우리 형제들이 물어 본 것들을 다 정확히 맞혔고, 점을 통해 현재와 과거와 미래의 일들을 알려 주었습니다. 그래서 나는 누구보다 제사는 '죽은 자의 영혼'이나 '조상을 기리는 예'라고 오랫동안 생각했습니다. 직접 체험이 있었기 때문입니다.

그러나 이제 분명히 말할 수 있는 것은 제사는 죽은 자를 기리는 것도 조상을 섬기는 예도 아니라는 것입니다. 제사는 단지 사탄의 세력인 귀신을 숭배하는 우상 숭배에 지나지 않다는 것입니다. 성경은 분명하게 우리에게 이 진리를 가르쳐 줍니다.

> "무릇 이방인이 제사하는 것은 귀신에게 하는 것이요 하나님께 제사하는 것이 아니니 나는 너희가 귀신과 교제하는 자가 되기를 원하지 아니하노라" (고전 10:20, 개정)

제사는 죽은 영혼을 기리는 것이 아니라 귀신과 교제하는 행위입니다. 제사는 귀신을 섬기는 우상 숭배에 불과한 것입니다!

그렇다면 과연 귀신은 어떤 방식으로 자신을 죽은 자의 영혼이라고 믿게 만들까요?

귀신이 제사를 요구하는 방법(자기를 섬기게 하는 방법)

아마 사람들 가운데 가장 슬픈 것이 있다면 그것은 '사랑하던 사람을 잃는 것'일 겁니다. 귀신이 이런 마음을 이용하는 것입니다. 꿈이나 환상을 통해 죽은 자의 모습으로 나타나 자신이 구천을 떠돌고 있으니 좋은 곳으로 갈 수 있도록 제사를 지내 달라고 하는 것입니다. 어느 때는 굶고 있는 모습으로 나타나 젯밥을 달라기도 합니다. 이래서 속는 것입니다.

물론 이런 체험이 없이 제사가 전통이기 때문에, 대대로 내려온 제사이기에, 그냥 지내는 사람들도 있습니다. 그러나 어떤 이유로 제사를 지내든 그것은 귀신을 섬기는 행위입니다.

사람은 죽어서 절대로 귀신이 되지 않습니다. 죽은 영혼이 되어 떠돌지도 않습니다.

사람은 죽으면 영혼과 육이 분리가 됩니다. 그리고 죽은 뒤에는 하나님의 심판이 있습니다(히 9:27). 심판의 결과로 천국에 가든지, 지옥에 가든지 합니다. 더 이상 어떤 형태로든지 죽은 자는 이 땅에 다시 내려올 수 없습니다!

단, 아주 예외적인 경우는 있습니다. 바로 모세와 엘리야가 변화산에 내려와 예수님과 대화를 나눈 사건입니다. 모세와 엘리야가 하나님의 메신저로서 내려와 하나님의 메시지를 전한 것입니다. 이 경우를 제외한 어떤 경우에도 죽은 자는 이 땅에 내려 올 수 없습니다.

단지 귀신이 죽은 자를 흉내 내서 죽은 자의 영혼이 구천을 떠도는 것처럼 미혹하는 것입니다. 제사를 지내는 사람들은 자신들이 죽은 자의 영혼에게 제사를 지내고 있다고 생각하겠지만, 사실은 귀신에 미혹되어 귀신을 숭배하고 있는 것입니다. 이렇게 사탄은 제사를 통해 사람들을 묶는 것입니다.

제사 속에 숨겨진 영적인 비밀

먼저 우리 그리스도인들은 제사가 단지 전통의 미풍양속이 아니라

'우상 숭배'임을 분명히 알아야 합니다. 그리고 이 제사가 영적인 세계에서는 '통치권'과 관련이 되어 있다는 사실도 알아야 합니다.

많은 사람들이 제사상을 차려 놓고 절하는 것을 대수롭지 않게 생각합니다. 그러나 영적인 세계에서는 우리가 제사를 통해 '절을 할 때' 영적인 질서에 변화가 일어납니다. '통치권의 이양'이 일어나는 것입니다. 사탄이 이걸 알고 있었기에 예수님께 모든 것을 주면서 요구한 것이 바로 '절과 경배'인 것입니다.

> "다시 마귀는 예수님을 높은 산으로 데리고 갔습니다. 마귀는 예수님께 세상의 모든 나라와 그 영화로운 모습을 보여 주었습니다. 마귀는 이렇게 말했습니다. "만일 당신이 나에게 절하고 경배한다면, 이 모든 것을 주겠소.""[29] (마 4:8-9, 쉬운)

사탄의 요구는 간단했습니다. 나에게 절하고 경배하라는 것이었습니다. 그런데 예수님은 이런 사소한 것을 거부하십니다. 왜 거부하십니까?

절을 할 때 통치권의 이양이 이루어지기 때문입니다. 다니엘이 목숨을 걸고 절하지 않았던 이유도 이것 때문입니다. 이래서 기독교는 제사

---

29) "마귀가 또 그를 데리고 지극히 높은 산으로 가서 천하만국과 그 영광을 보여 이르되 만일 내게 엎드려 경배하면 이 모든 것을 네게 주리라"(마 4:8-9, 개정)

에서 절하는 것을 반대하는 것입니다. 하나님 외에 어떤 것에도 절하지 말고 경배하지 말도록 가르치는 것입니다.

우리는 너무 쉽게 "미풍양속이다, 전통이다"하며 제사를 지냅니다. 그러나 제사를 지내면서 절을 할 때 통치권의 이양이 일어나며 귀신이 주도권을 쥐게 되는 것입니다.

결국 이런 제사 의식으로 인해 나타나게 되는 첫 번째 결과는 우상 숭배로 인해 지옥으로 가게 된다는 것입니다. 귀신을 따른 결과입니다.

두 번째로 제사는 의도적으로 귀신을 초청하는 행위임으로 합법적인 권리 이양을 통해 귀신이 그 사람의 통치권을 쥐게 된다는 것입니다.

이것이 귀신이 사람들로 하여금 미혹하여 제사를 지내게 하는 근본적인 이유입니다.

그러므로 그리스도인에게 제사는 타협의 대상이 될 수 없음을 기억해야 합니다. 왜냐하면 제사는 바로 우리의 통치권과 연관되어 있기 때문입니다. 그래서 하나님은 이러한 우상 숭배를 단호하게 거절하라고 하셨던 것입니다.[30]

그러나 나는 그리스도인이지만 가족들이나 친척 중에 여전히 제사를

---

30) "너를 위하여 새긴 우상을 만들지 말고 또 위로 하늘에 있는 것이나 아래로 땅에 있는 것이나 땅 아래 물속에 있는 것의 어떤 형상도 만들지 말며 그것들에게 절하지 말며 그것들을 섬기지 말라 나 네 하나님 여호와는 질투하는 하나님인즉 나를 미워하는 자의 죄를 갚되 아버지로부터 아들에게로 삼사 대까지 이르게 하거니와 나를 사랑하고 내 계명을 지키는 자에게는 천 대까지 은혜를 베푸느니라"(출 20:4-6, 개정)

지내고 있다면 어떻게 해야 할까요? 또 제사에 참석할 수밖에 없는 상황이라면 어떻게 해야 할까요?

그리스도인과 제사 문제

이제 그리스도인이 현실에서 제사 문제와 맞딱뜨리게 될 때 어떻게 해야 하는지 성경적인 지침을 드리고자 합니다.

어떤 그리스도인들 중에서는 "내 믿음만 지키면 되는 것 아니냐"하며 제사에 참석하는 분들이 있습니다. 이것은 아주 '오만한' 생각입니다. 아무리 믿음이 있더라도 제사에서 절을 한다면 악한 영들에게 공격할 틈을 열어 주기 때문입니다. 사탄은 절대로 이 틈을 놓치지 않습니다. 우는 사자와 같이 삼킬 자를 찾는데 오히려 제발로 찾아온 먹이를 그냥 두겠습니까?

만약 어떤 그리스도인이 이런 식으로 제사의식에 참석한다면, 반드시 얼마 지나지 않아서 그 분의 믿음이 희석되고 말 것입니다. 또한 구원에 대한 확신도 서서히 없어지게 될 것입니다. 왜냐하면 사탄이 절대 이런 사람을 그냥 두지 않기 때문입니다.

이 책을 읽는 분들이 믿든지 안 믿든지 이것은 영적인 세계에서 실제로 일어나는 일입니다. 그러므로 하나님을 섬기는 사람이라면 절대로 제사의식에 참석해서 절을 하면 안 됩니다.

그러나 가정에 완전한 구원이 이루어지지 않아 제사에 참석해야 하는 경우도 있습니다. 이럴 때 '그리스도인과 귀신의 영적 전쟁'이 시작됩니다.

예수님께서 말씀하십니다.

> "내가 세상에 화평을 주러 온 줄로 생각하지 말라 화평이 아니요 검을 주러 왔노라 내가 온 것은 사람이 그 아버지와, 딸이 어머니와, 며느리가 시어머니와 불화하게 하려 함이니 사람의 원수가 자기 집안 식구리라" (마 10:34-36, 개정)

이 말씀을 사람들은 난해하다고 말합니다. 그러나 난해하지 않습니다. 실제로 일어나는 일이며, 예수님은 이렇게 하기 위해 이 땅에 오셨습니다. 신실한 그리스도인(예수의 영)이 빛이 되어 집에 있을 때 다른 잡신을 섬기는 사람들과 갈등과 불화가 생기는 것입니다.

지금도 이슬람 국가에서는 가족 중 누군가가 기독교로 개종을 하면 굉장한 갈등이 일어납니다. 가족이 원수가 되는 것입니다. 겉으로 보면 기독교와 이슬람이 충돌하는 것 같지만, 영적으로 보면 예수의 영과 이슬람의 사탄의 영이 충돌하는 것입니다.

또 나는 인도의 최고 계층이었던 브라만 계급의 사람이 예수를 믿었다는 이유로 그 계급이 박탈되는 것도 보았습니다.

비록 우리나라에서는 이런 극단적인 일은 일어나지 않지만, 제사 때문에 종종 가족 간에 갈등이 발생합니다. 심할 경우에는 아버지와의 불화가 생기기도 하고, 딸과 어머니, 며느리와 시어머니 사이에 불화가 생기기도 합니다. 이것은 결국 예수의 영과 귀신의 영이 서로 충돌하기 때문에 일어나는 일입니다. 그러므로 우리 그리스도인들은 제사를 단지 미풍 양식이나 전통이 아니라, 예수님의 영과 귀신의 영이 충돌하는 영적 전쟁임을 기억해야 합니다.

사람들이 제사 의식을 행할 때 우리 눈에 보이는 것은 고작 제사상, 제사의식, 절하는 것뿐입니다. 그러나 만약 우리의 영의 눈이 열려 제사할 때 어떤 영적인 움직임이 있는지를 보게 된다면 경악하게 될 것입니다.

사람들이 제사를 드릴 때 우리 눈에 보이지 않지만 귀신들이 이 제사상에 몰려 듭니다. 많은 귀신들이 몰려 드는 것입니다. 그런데 문제는 이렇게 몰려 드는 귀신들 중에는 질병을 주관하는 귀신도 있을 수 있고, 음란을 주장하는 귀신도 있을 수 있고, 자살을 주관하는 귀신들도 있을 수 있다는 것입니다. 이 귀신들은 젯밥에 관심이 있어 몰려 드는 것이 아닙니다. 귀신들은 영물이기 때문에 먹는 것에는 아예 관심이 없습니다. 이들이 제사상에 몰려 드는 이유는 제사를 통해 머리를 조아릴 때 그 숭배의 섬김을 통해 악의 기운을 흡수하기 위함입니다. 또한 이런 제사를 통해 합법적인 권리 이양이 이루어짐으로 귀신들이 사람에게 틈 타기 위해 몰려 드는 것입니다. 만약 제사를 지내는 사람들 중에 음란으로 인해 그 통로가 열려 있다면, 거기에 온 음란의 귀신이 그 사람에게 붙을 수 있게 되는 것입니다. 절을 통해 통치권을 이양하기 때문입니다. 질병의 귀신이 붙을 수도 있습니다. 이게 제사를 할 때 영적 세계에서 일어나는 일입니다.

그런데 이런 자리에 그리스도인이 있게 된다면 어떻게 될까요?[31] 사람들은 누가 그리스도인인지 모르지만, 귀신들은 압니다. 싫어하는 것입니다. 그래서 믿지 않는 가족(친척)을 자극하여 분란이 일어나도록 합니다. 갈등을 일으키는 것입니다(마 10:34-36). 또 기독교를 공격합니다. 만약 제사 드리는데 예수 믿는 사람들이 있다면, 반드시 비판적인 기독교 이야기가 나오게 됩니다. 귀신들이 자극을 하는 것입니다. 이런 식으로 그 사람이 아버지와, 딸이 어머니와, 며느리와 시어머니가 불화하게 되는 것입니다. 이것이 바로 보이지 않는 예수의 영과 귀신의 영의 영적 전쟁인 것입니다. 그러므로 그리스도인들이 어쩔 수 없이 제사를 참석해야 할 상황이라면 이것을 인지하고 제사에 참석해야 합니다. 그리고 지혜롭게 처신을 해야 합니다.

그리스도인들이 제사에 참석할 때 가장 중요한 것은 '태도'입니다. 강하고 담대해야 합니다. 그렇다고 가족이 나를 핍박한다고 같이 싸우라는 것이 아닙니다. 혈기를 부리라는 것이 아닙니다. 오히려 정반대입니다. 우리가 강하고 담대해야 할 대상은 가족이 아니라 '가족을 잡고 있

---

31) 귀신들도 명목상의 그리스도인들은 두려워하지 않습니다. 그러나 신실한 그리스도인이 거기 있다면 귀신들도 경계하기 시작합니다.

는 악한 귀신들'입니다.[32] 그러므로 우리는 강하고 담대하게 가족을 묶고 있는 귀신들을 대적해야 합니다. 영적으로는 대적하되 그러나 우리의 육신은 더 낮추어서 섬기며 헌신해야 합니다. 만약 가족이 내 오른뺨을 때리면 왼뺨을 돌려 대며 안는 것입니다.

그러나 또한 '분명하게' 제사의 부당성을 말해야 합니다. 우리가 섬기는 것은 죽은 자의 영혼이 아니라 귀신이며 유일하고 온전하신 분은 하나님임을 분명히 말해야 합니다. 그러면 큰 논쟁이 일어날 수도 있습니다. 하지만 참 믿음의 사람은 '불의에 굴복하지 않는 사람'입니다. 하나님의 진정한 자녀는 마음으로 예수님을 믿을 뿐 아니라 '입술로도' 예수님을 시인하는 사람인 것입니다. 우리가 귀신들이 지켜보는 제사상 앞에서 "주는 그리스도시요 살아 계신 하나님의 아들이시니이다"라고 입술로 고백할 때 음부의 권세가 이기지 못하는 것입니다!(마 16:16-18). 귀신들이 두려워 떠는 것입니다.[33]

그리고 우리가 제사의 공간에 갈 때는 하나님의 도움을 요청하시고 반드시 머리부터 발끝까지 예수 그리스도의 보혈로 덮으십시오.

"예수 그리스도의 보혈을 내 머리부터 발끝까지 덮습니다. 악으로부터 저를 보호하여 주십시오"

---

32) "우리의 싸움은 이 땅의 사람들에 대항하여 싸우는 것이 아니라 이 세상의 어두운 세력들과 공중의 권세 잡은 악한 영들에 대항하여 싸우는 것입니다."(엡 6:12, 쉬운)
33) "여러분은 하나님이 한 분이신 것을 믿으니 잘하는 일입니다. 귀신들도 그것을 믿으며 두려워서 떱니다." (약 2:19, 쉬운)

이렇게 할 때 그 사람은 하나님의 전신갑주를 입고 그리스도의 군사로 제사에 참여하게 됩니다. 그러나 반드시 기억할 것은 우리가 귀신들에게는 그리스도의 군사이지만, 사랑하는 가족들 앞에서는 낮은 자로서 그들을 사랑하며 섬기며 중보하는 사람들이 되어야 한다는 것입니다. 결국 가족들은 이러한 우리의 모습을 통해 살아 계신 하나님을 만나고 발견하기 때문입니다.

우리가 믿지 않는 가족들에게 줄 수 있는 가장 큰 선물이 있다면 그것은 비교할 것도 없이 '영생에 이르는 구원'일 것입니다.

비록 가족들이 처음에는 핍박자로 설 수 있지만, 우리가 그리스도의 군사로 또한 가족들에게는 섬기는 자로 서게 된다면 가족들은 반드시 예수께 돌아와 구원받게 될 것입니다.

6장

성경을 통해 배우는 영적 세계의 원리
'사울과 신접한 여인'

이 장에서는 성경의 '사울과 신접한 여인의 이야기'를 통해 귀신 세계의 영적 원리에 대해 배우고자 합니다.

1. 신접한 여인을 찾아간 사울

구약 성경에 보면 사울 왕이 신접한 여인을 찾아가는 이야기가 나옵니다. 사울 왕은 왜 신접한 여인을 찾아가게 된 것일까요? 사무엘상 28장에 그 이유가 나옵니다.

> "블레셋 사람들이 모여 수넴에 이르러 진 치매 사울이 온 이스라엘을 모아 길보아에 진 쳤더니 사울이 블레셋 사람들의 군대를 보고 두려워서 그의 마음이 크게 떨릴지라"(삼상 28:4-5, 개정)

블레셋 사람들이 이스라엘을 치려고 온 것입니다. 이것을 본 사울이 '군대를 보고 두려워서 그 마음이 크게 떨렸다'고 했습니다. 사울은 자기의 힘으로는 도저히 블레셋을 이길 수 없다는 것을 알았습니다. 예전 같았으면 하나님의 사람인 사무엘이 그 방법을 알려 주었을 텐데, 지금은 사무엘이 죽고 없는 것입니다. 그때 사울이 생각을 한 것이 신접한 여인을 통해 사무엘을 만나는 것이었습니다. 사울은 이렇게 말합니다.

> "사울이 여호와께 묻자오되 여호와께서 꿈으로도, 우림으로도, 선지자로도 그에게 대답하지 아니하시므로 사울이 그의 신하들에게 이르되 나를 위하여 신접한 여인을 찾으라 내가 그리로 가서 그에게 물으리라 하니 그의 신하들이 그에게 이르되 보소서 엔돌에 신접한 여인이 있나이다"
>
> (삼상 28:6-7, 개정)

사울은 자신이 여호와께 물었다고 합니다. 그러나 하나님은 사울에게 아무런 대답을 하지 않으셨습니다. 그 이유는 사울이 교만과 불순종으로 하나님의 명령을 무시했기 때문입니다.

만약 사울이 하나님의 말씀을 들으려 했다면, 먼저 그 죄를 회개하고 돌이켜야 했습니다. 이렇게 한 후 오직 하나님만을 의지하고 인내하면서 응답을 기다렸다면 사울의 기도에 응답하셨을 것입니다. 그러나 사울은 회개하지도, 하나님의 응답을 기다리지도 않았습니다. 오히려 신접한 여인을 찾아 간 것입니다. 목사가 하나님의 응답이 없다고 무당을 찾아가는 형세입니다. 그러나 우리가 여기서 주목할 것은 이 당시 사울은 이미 악령의 지배를 받고 있던 상태였다는 것입니다(삼상 16:14,

19:9). 이 악령들이 사울을 자극하여 신접한 여인을 찾도록 했던 것입니다. 악한 영들은 서로 연합할 때 더 세력이 강해지기 때문입니다.[34] 악령들이 하나님의 방법이 아니라 귀신의 방법으로 해결하도록 이끈 것입니다. 이것이 사울이 신접한 여인을 찾게 된 이유입니다.

신접한 여인을 통해 '사무엘의 영'을 만난 사울

"사울이 다른 옷을 입어 변장하고 두 사람과 함께 갈새 그들이 밤에 그 여인에게 이르러서는 사울이 이르되 청하노니 나를 위하여 신접한 술법으로 내가 네게 말하는 사람을 불러 올리라 하니 여인이 그에게 이르되 네가 사울이 행한 일 곧 그가 신접한 자와 박수를 이 땅에서 멸절시켰음을 아나니 네가 어찌하여 내 생명에 올무를 놓아 나를 죽게 하려느냐 하는지라 사울이 여호와의 이름으로 그에게 맹세하여 이르되 여호와께서 살아 계심을 두고 맹세하노니 네가 이 일로는 벌을 당하지 아니하리라 하니 여인이 이르되 내가 누구를 네게로 불러 올리랴 하니 사울이 이르되 사무엘을 불러 올리라 하는지라 여인이 사무엘을 보고 큰 소리로 외

---

34) 귀신은 할 수만 있다면 사람들을 점집으로 무당에게로 이끕니다. 점을 치거나 굿을 하거나 사탄적인 것을 접할 때 침투할 수 있는 영적인 통로가 더 열리기 때문입니다. 이러한 것들을 통해 귀신의 지배력이 더 강해지는 것입니다.

치며 사울에게 말하여 이르되 당신이 어찌하여 나를 속이셨나이까 당신이 사울이시니이다 왕이 그에게 이르되 두려워하지 말라 네가 무엇을 보았느냐 하니 여인이 사울에게 이르되 내가 영이 땅에서 올라오는 것을 보았나이다 하는지라 사울이 그에게 이르되 그의 모양이 어떠하냐 하니 그가 이르되 한 노인이 올라오는데 그가 겉옷을 입었나이다 하더라 사울이 그가 사무엘인 줄 알고 그의 얼굴을 땅에 대고 절하니라"(삼상 28:8-14, 개정)

본문을 보면 사울이 신접한 여인에게 사무엘을 불러올리라고 명령합니다. 그러자 신접한 여인이 "내가 영이 땅에서 올라오는 것을 보았나이다"라고 말합니다. 사울이 "그 모양이 어떠하냐"고 묻습니다. 신접한 여인이 "한 노인이 올라왔고 그가 겉옷을 입었다"고 합니다. 이 이야기를 듣고 사울이 '그가 사무엘인 줄 알고' 그의 얼굴을 땅에 대고 절을 했다고 했습니다. 그런데 본문 어디를 보아도 땅에서 올라온 영이 스스로 사무엘이라고 말하지 않고 있습니다. '사울이 그가 사무엘인 줄 알고' 얼굴을 땅에 대고 절을 했다고 했습니다. 사울 혼자 그 영을 사무엘로 인정한 것입니다. 이렇게 해서 그 영이 사무엘의 영으로 불리게 된 것입니다.

나도 제사 때마다 나타났던 귀신이 아버지의 흉내를 내는 것을 보고 아버지의 영혼이라고 굳게 믿었습니다. 설령 꿈에 죽은 아버지의 모습, 죽은 가족의 모습이 나타난다고 해서 그것이 죽은 자의 영혼은 결코 아닙니다.

또한 우리가 본문을 통해 유심히 보아야 할 것은 사무엘의 영이 '땅에서 올라왔다'는 것입니다. 사무엘은 죽어 하늘(천국)로 올라갔습니다. 엘리야도 회오리바람을 타고 하늘(천국)로 올라갔습니다(왕하 2:11). 예수님께서도 부활하신지 사십 일 후에 감람산에서 하늘로 올려지셨습니다(눅 24:50-51). 스데반도 죽음 직전에 하늘이 열리고 하나님 옆에 서신 예수님을 보았습니다(행 7:55).

이것이 '땅에서 올라온 영이 사무엘이 아니라는 증거 중에 하나입니다.

성경에서 땅은 저주의 상징입니다. 원래 땅이 처음부터 저주의 상징은 아니었습니다. 창조 시에 땅은 축복의 근원이었습니다. 우리가 알다시피 아담은 땅의 흙으로 만들어졌습니다. 만약 땅이 창조 시에도 저주의 상징이었다면 하나님은 흙으로 사람을 만들지 않았을 것입니다. 그러나 아담과 하와의 범죄로 인하여 땅이 저주를 받습니다.[35] '죄' 때문입니다.

이 밖에도 가인과 아벨의 사건에서 저주받은 땅의 모습이 발견됩니다.

---

35) "아담에게 이르시되 네가 네 아내의 말을 듣고 내가 네게 먹지 말라 한 나무의 열매를 먹었은즉 땅은 너로 말미암아 저주를 받고 너는 네 평생에 수고하여야 그 소산을 먹으리라 땅이 네게 가시덤불과 엉겅퀴를 낼 것이라 네가 먹을 것은 밭의 채소인즉 네가 흙으로 돌아갈 때까지 얼굴에 땀을 흘려야 먹을 것을 먹으리니 네가 그것에서 취함을 입었음이라 너는 흙이니 흙으로 돌아갈 것이니라 하시니라"(창 3:17-19, 개정)

가인은 시기와 질투심 때문에 동생 아벨을 죽입니다. 아담과 하와가 범죄한 이후 죄성은 자녀 세대까지 흘러갔고 결국 살인 사건이 일어납니다. 그때 하나님이 죄를 저지른 가인에게 무엇이라고 말씀하셨습니까?

> "이르시되 네가 무엇을 하였느냐 네 아우의 핏소리가 땅에서부터 내게 호소하느니라 땅이 그 입을 벌려 네 손에서부터 네 아우의 피를 받았은 즉 네가 땅에서 저주를 받으리니 네가 밭을 갈아도 땅이 다시는 그 효력을 네게 주지 아니할 것이요 너는 땅에서 피하며 유리하는 자가 되리라"(창 4:10-12, 개정)

죄로 인해 가인에게도, 땅에도 저주가 나타납니다. 뿐만 아니라 요한계시록에서도 땅에 대한 이야기가 나옵니다.

> "내가 보매 또 다른 짐승이 땅에서 올라오니 어린 양 같이 두 뿔이 있고 용처럼 말을 하더라"(계 13:11, 개정)

'짐승이 땅에서 올라온다'고 하는데 이 짐승은 거짓선지자를 상징합니다. 거짓 선지자들이 땅에서 올라온 것입니다. 그리고 이들은 어린 양과 같은 두 뿔이 있고 용처럼 말한다고 했습니다. 어린 양의 두 뿔은 거짓 선지자가 선한 양처럼 자신을 가장한다는 뜻입니다. 용(사탄)처럼 말한다는 것은 사탄처럼 미사어구의 말로 사람들을 미혹할 것이라는 뜻입니다.

사탄의 도구는 땅에서 올라옵니다. 그러나 하나님의 메신저는 하늘에서 내려옵니다. 그러므로 땅은 사탄과 연관되어 있습니다.

사무엘의 영도 땅에서 올라왔다고 했습니다. 이 사무엘의 영은 진짜 사무엘의 영이 아니라 미혹의 영(귀신)이 가장한 가짜입니다! 만약 진짜 사무엘의 영이 왔다면, 그 영은 땅이 아니라 하늘에서 내려와야 했을 것입니다. 모세와 엘리야가 예수님을 만나기 위해 하늘에서 내려왔듯이 말입니다(마 17:3).[36]

많은 사람들이 사울과 신접한 여인의 이야기를 보고 미혹을 당합니다. 신접한 자(무당이나 접신자)를 통해 '죽은 자와 소통할 수 있다'고 생각합니다. 그러나 이것이 바로 미혹이며 거짓입니다. 신접한 여인처럼 하는 접신은 죽은 자의 영혼과 하는 것이 아니라 귀신이 죽은 자의 흉내를 내서 미혹하는 것입니다. 제사도 마찬가지이며 무당을 통해 죽은 자와 접신을 하는 것도 귀신의 미혹에 지나지 않습니다!

그리고 우리는 이 뿐 아니라 사울과 신접한 여인을 통해 또 다른 영적 원리를 배울 수 있습니다. 그것은 '귀신들조차도 하나님의 주권(통치권) 아래에 있다는 것'입니다.

---

36) 그러나 실제로 죽은 자가 이 땅에 내려오는 경우는 없습니다. 이때는 예외적으로 모세와 엘리야가 하나님의 메신저로서 이 땅에 잠깐 내려왔던 것입니다.

사무엘의 영의 대언에 숨겨진 놀라운 영적인 비밀

"사무엘이 사울에게 이르되 네가 어찌하여 나를 불러 올려서 나를 성가시게 하느냐 하니 사울이 대답하되 나는 심히 다급하니이다 블레셋 사람들은 나를 향하여 군대를 일으켰고 하나님은 나를 떠나서 다시는 선지자로도, 꿈으로도 내게 대답하지 아니하시기로 내가 행할 일을 알아보려고 당신을 불러 올렸나이다 하더라 사무엘이 이르되 여호와께서 너를 떠나 네 대적이 되셨거늘 네가 어찌하여 내게 묻느냐 여호와께서 나를 통하여 말씀하신 대로 네게 행하사 나라를 네 손에서 떼어 네 이웃 다윗에게 주셨느니라 네가 여호와의 목소리를 순종하지 아니하고 그의 진노를 아말렉에게 쏟지 아니하였으므로 여호와께서 오늘 이 일을 네게 행하셨고 여호와께서 이스라엘을 너와 함께 블레셋 사람들의 손에 넘기시리니 내일 너와 네 아들들이 나와 함께 있으리라 여호와께서 또 이스라엘 군대를 블레셋 사람들의 손에 넘기시리라 하는지라" (삼상 28:15-19, 개정)

사울은 신접한 여인을 통해 사무엘의 영(귀신)을 불러냈습니다. 그런데 그 귀신이 하나님의 말씀을 대언합니다. 많은 사람들이 땅에서 올라온 귀신을 사무엘의 영으로 믿는 이유는 귀신이 하나님의 말씀을 대언했기 때문입니다. 그러나 우리가 알아야 할 것은 귀신도 진실을 말할 수 있고 때에 따라서는 하나님의 말씀도 대언할 수 있다는 것입니다.

우리는 이러한 것들을 성경에서 찾을 수 있습니다. 신약 성경에 보면 귀신이 예수님을 보더니 이렇게 말합니다.

> "이에 그들이 소리 질러 이르되 하나님의 아들이여 우리가 당신과 무슨 상관이 있나이까 때가 이르기 전에 우리를 괴롭게 하려고 여기 오셨나이까 하더니" (마 8:29, 개정)

또 귀신이 사도 바울에게는 이렇게 말합니다.

> "우리가 기도하는 곳에 가다가 점치는 귀신 들린 여종 하나를 만나니 점으로 그 주인들에게 큰 이익을 주는 자라 그가 바울과 우리를 따라와 소리 질러 이르되 이 사람들은 지극히 높은 하나님의 종으로서 구원의 길을 너희에게 전하는 자라하며 이같이 여러 날을 하는지라 바울이 심히 괴로워하여 돌이켜 그 귀신에게 이르되 예수 그리스도의 이름으로 내가 네게 명하노니 그에게서 나오라 하니 귀신이 즉시 나오니라" (행 16:16-18, 개정)

귀신도 때에 따라 진실을 말합니다. 나는 이것을 알았기 때문에 대적사역을 할 때 귀신에게 진실을 요구했던 것입니다. 귀신에게 질문을 함으로서 진실을 요구하는 것입니다.

"이 우주에서 가장 강한 분이 누구냐?"

"이 사람은 하나님에게 어떤 사람이냐?"

귀신은 이 질문에 대해 말하고 싶어 하지 않지만 분명하게 진실을 이야기합니다.[37]

귀신은 본질적으로 거짓의 영이지만, 때에 따라서는 진실을 이야기할 수 있는 것입니다.

또한 하나님은 귀신의 입을 통해서라도 하나님의 말씀을 대언하게 할 수 있습니다. 그렇다면 어떻게 귀신은 하나님의 말씀을 대언하게 되었을까요? 그 해답은 사울의 말에 답이 있습니다. 사울은 신접한 여인을 찾아가기 전에 먼저 여호와께 물었다고 했습니다. 그러나 하나님께서는 꿈으로도, 우림으로도, 선지자로도 대답하지 않았다고 했습니다 (삼상 28:6). 또한 사무엘의 영을 가장한 귀신에게도 이 말을 반복합니다 (삼상 28:16). 사울은 하나님이 자신에게 대답하지 않는다고 이야기합니다. 그러나 이것은 사울의 생각입니다. 하나님은 그 분의 말씀을 불신자의 입을 통해서라도 전할 수 있고, 심지어 나귀의 입을 통해서라도 전할 수 있으며, 귀신을 통해서라도 전하실 수 있는 분입니다. 만약 사울이 자신의 교만과 불순종의 죄를 회개하며 하나님의 응답을 인내하며 기다렸다면 하나님은 반드시 정상적인 방법을 통해 응답해 주셨을 것입니다. 그런데 사울은 이렇게 하지 않고 신접한 여인을 찾아갑니다.

---

37) 귀신들은 이 우주의 가장 강한 분이 사탄이 아니라 하나님임을 말합니다. 또한 귀신들은 우리들이 하나님의 자녀라는 것도 분명히 이야기합니다.

그러자 하나님이 바로 이 신접한 여인의 귀신을 통해 사울의 기도에 대해 응답해 주신 것입니다! 사울에게 귀신의 입을 통해 하나님의 뜻을 전달하신 것입니다.

나는 오랫동안 풀리지 않았던 수수께끼가 하나 있었습니다. 그것은 제사 때 왔던 귀신이 지옥의 이야기와 하나님의 이야기를 해 주었다는 것입니다. 귀신을 입을 통해 "예수 믿으면 구원받는다"는 말을 들은 것입니다. '어떻게 귀신이 이런 말을 할 수 있는가?'라고 생각하며 도저히 이해할 수 없었습니다. 그러나 성경을 통해, 대적사역을 통해 귀신도 진실을 말할 수 있다는 것을 알게 되었습니다. 또한 사울과 신접한 여인의 이야기를 통해 귀신조차도 하나님의 말씀을 대언할 수 있다는 것을 알게 되었습니다.

그러면서 풀리지 않는 수수께끼가 풀렸습니다. 그것은 귀신들조차도 하나님의 통치권 아래 있으며, 하나님이 원하신다면 이런 귀신들조차 사용하실 수 있다는 것을 말입니다.

사탄이 하나님의 통치권 아래 있다는 것을 모르기 때문에 많은 사람들이 하나님의 말씀을 대언한 귀신을 '사무엘의 영'이라고 착각하는 것입니다. 그러나 이미 말씀드렸듯이 귀신도 진실을 말할 수 있으며 때에 따라서는 하나님의 대언의 도구로도 사용될 수 있는 것입니다. 나귀의 입을 열어 하나님의 대언의 도구로 사용한 것처럼 말입니다(민 22:28-33).

그러므로 우리는 사울과 신접한 여인의 이야기를 통해 그동안 오해하고 있었던 부분이 있다면 바로 잡아야 합니다. 왜냐하면 이러한 잘못된 부분조차도 사탄이 공격할 틈이 되기 때문입니다.

우리는 사울과 신접한 여인을 통해 크게 두 가지의 영적인 원리를 배울 수 있습니다.

첫째는 귀신이 죽은 자의 영혼을 흉내 내서 나타날 수 있다는 것입니다. 이것을 통해 귀신이 사람을 미혹하는 것입니다. 제사가 바로 이런 미혹으로 생기는 것입니다.

둘째는 귀신들조차도 하나님의 전 우주적 통치권 아래에 있다는 것입니다. 사탄은 하나님과 결코 대등한 존재가 아닙니다. 하나님께서 뜻이 있으셔서 일정 기간 동안 이 세상에 허락한 악의 존재에 불과한 것입니다. 하나님은 이러한 존재들조차도 그 분의 특별한 뜻에 의해 사용할 수 있다는 것을 우리는 알아야 합니다. 마치 욥의 믿음을 보기 위해 사탄의 시험을 허락했던 것처럼 말입니다.

하나님은 전능하시고 유일하신 분입니다. 그 분은 우리의 왕이십니다. 우리의 아버지 되시며 우리는 그 분의 자녀입니다. 우리는 하나님이 만드신 천국에서 영원토록 그 분과 함께 하며 영생하는 삶을 살게 될 것입니다. 사무엘과 모세와 엘리야와 아브라함이 천국에서 하나님과 함께 하듯 말입니다.

2. 악한 영의 미혹의 결과 : '묶임'
- 의도적 초청과 무의식적인 초청에 의한 결과 -

앞 장에서 사탄이 어떠한 방법으로 사람들을 미혹하는지에 대해 살펴보았습니다.

사탄은 개인의 신앙을 미혹하기도 하며, 지도자를 공격하여 단체를 미혹하기도 하고, 거짓종교나, 이단이나, 점치는 것이나, 제사와 같은 것들을 통해 미혹하기도 합니다. 특별히 거짓종교, 이단, 점치는 것, 제사와 같은 것은 '의도적인 초청'에 의해 이루어지는 미혹입니다.

그러나 어떤 경우는 '무의식적인 초청'에 의해 이루어지는 미혹도 있습니다.

이러한 무의식적인 초청은 우리가 알지 못하는 사이에 악령의 지배가 강한 공간이나 환경에 노출될 때 일어납니다. 그 공간 속에 역사하는 악한 영들에 의해 우리의 생각이나 마음이 미혹을 당하는 것입니다. 예를 들어 음란한 생각이 없는데 음란한 특정한 장소에 갔을 때 그 영향을 받게 되는 경우입니다. 생각과 마음 가운데 음란의 충동이 강하게 일어나는 것입니다. 음란의 악한 영들이 강력하게 지배하는 장소에 갔을 때 이런 공격을 받을 수 있습니다.

나이트클럽과 같은 곳도 마찬가지입니다. 일반적으로 나이트클럽에 갈 때 스트레스를 풀고 즐기기 위해 갑니다. 그러나 이런 장소에 악한 영들이 강하게 역사하고 있다는 것을 알지 못합니다. 그들이 의도적으로 초청한 것은 아니지만, 바로 이러한 장소에서 무의식적인 귀신의 공격이 이루어지는 것입니다. 이러한 장소에는 술, 음란, 부정, 불법, 불의 등의 어둠이 숨어 있기 때문입니다. 이러한 장소에 우리의 영혼이 노출되었을 때 비록 의도하지 않았을지라도 그곳을 장악하고 있는 악한 영들에 의해 공격을 받을 수 있습니다.

오래 전 교회에서 대적사역을 할 때의 일입니다. 한 자매에게 귀신의 정체가 드러났습니다. 그래서 귀신을 취조했습니다.

"이 자매에게 얼마나 많은 귀신이 있느냐"

그러자 자매 안에 몇 마리의 귀신이 있는지 말해 주었습니다. 그러면서 자매 "밖에도 귀신이 있다"고 말하는 것이었습니다. "어디에 있느냐" 했더니 "교회 밖에 있다"는 것이었습니다. 교회는 무서워서 들어오지 못하고 밖에서 기다리는 중이라고 했습니다. 그래서 그 귀신이 언제 따라 붙었는지를 물었습니다.[38] 그러자 귀신은 이 자매가 나이트클럽에 갔을 때부터 따라 온 귀신이라고 말을 하는 것이었습니다.

의도적으로 이 자매가 귀신을 초청한 것은 아닙니다. 악령의 영향력이 강한 곳에 자신을 노출시키며 그것을 즐겼을 때 무의식적인 초청이 일어난 것입니다.

만약 성령이 충만한 사람들이 이런 곳으로 갔다면 어떻게 될까요? 바로 거부 반응이 일어날 것입니다. 어지러움이나 구토감을 느끼면서 그 자리를 떠나야겠다는 생각이 들 것입니다. 이것이 악한 장소에 갔을 때 일어나는 성령께서 주시는 영적 분별력 중에 하나입니다.

자매는 귀신의 역사가 강한 악한 장소에 노출되었고 그 결과 귀신이 따라붙은 것입니다.[39] 자매가 원하지 않았으나 무의식적인 초청이 일어났고, 귀신에 의해 묶이게 된 것입니다. 우리는 악령이 강하게 역사하는 장소에 갔을 때 이렇게 묶일 수 있다는 것을 기억해야 합니다.

이러한 예를 사울 왕을 통해서도 발견할 수 있습니다. 사울 왕은 귀신을 무의식적으로 초청도 했지만, 의도적으로도 초청한 인물입니다. 원

---

38) 보통 귀신은 처음부터 들어오지 못하고 그 사람을 따라 다닙니다. 처음에는 붙어 다닙니다. 그런데 그 사람이 지속적으로 죄를 지으면 합법적으로 그 통로를 통해 귀신이 침입하여 그 사람 안에 집을 짓습니다.
39) 나이트클럽에 간다고 귀신이 다 붙는 것은 아닙니다. 자매에게 귀신이 침투할만한 틈이 있었기 때문에 귀신이 따라 붙은 것입니다. 귀신은 아무 근거 없이 공격하거나 침투할 수 없습니다.

래 사울 왕은 하나님으로부터 기름부음을 받은 왕이었습니다. 성령이 충만했던 왕이었습니다. 그러나 우리가 알듯이 사울은 왕이 된 후에 하나님께 불순종하기 시작합니다. 그의 마음이 교만해졌기 때문입니다. 자신이 주인이 된 것입니다. 우리가 분명히 알아야 할 것은 교만은 하나님(성령님)을 떠나도록 만드는 강력한 죄라는 것입니다. 그래서 성경은 교만을 패망의 선봉이라고 말한 것입니다. 하나님이 떠나면 인간은 패망할 수밖에 없게 됩니다. 하나님이 떠난 자리에는 악령이 틈타기 때문입니다.

> "여호와의 영이 사울에게서 떠나고 여호와께서 부리시는 악령이 그를 번뇌하게 한지라" (삼상 16:14, 개정)

하나님의 영이 결국 사울에게서 떠나갔고 그 교만과 불순종의 죄 틈으로 악령이 침투한 것입니다. 사울이 악령에게 묶인 것입니다. 이것이 바로 무의식적인 초청의 예입니다.

주목해야 할 것은 우리가 좀 교만해져서 자기 영광과 자기 의를 드러냈다고 바로 귀신이 틈타는 것은 아닙니다. 그러나 이러한 행동이 귀신이 침투할 수 있는 통로를 여는 것은 사실입니다. 만약 누군가 자신의 교만에 대해 지적할 때 그것을 받아들이고 회개하며 자신을 낮춘다면 큰 문제가 되지 않습니다. 그러나 사울처럼 돌이키지 않고, 그 교만으로 하나님께 불순종하고 대적하는 행동을 하게 된다면 성령님이 떠나시게 됨으로 악령이 그 틈을 타고 들어오는 것입니다. 무의식적으로 이러한 초청이 일어나는 것입니다.

비록 사울은 자신이 원하지 않았을지라도 죄를 통해 악령을 무의식적으로 초청한 것입니다. 그런데 사울은 오히려 한 걸음 더 나아갑니다. 신접한 여인을 통해 귀신과 접신하는 것입니다. 의도적인 귀신의 초청으로 나간 것입니다. 사울은 악령을 무의식적으로 초청함으로 '번뇌의 고통'을 당했습니다. 그런데 의도적으로 귀신을 초청했을 때는 어떤 결과가 나타났습니까?

> "그가 무기를 든 자에게 이르되 네 칼을 빼어 그것으로 나를 찌르라 할례 받지 않은 자들이 와서 나를 찌르고 모욕할까 두려워하노라 하나 무기를 든 자가 심히 두려워하여 감히 행하지 아니하는지라 이에 사울이 자기의 칼을 뽑아서 그 위에 엎드러지매" (삼상 31:4, 개정)

자살했습니다.

결국 자살로 그의 삶을 마감했습니다. 사람들이 귀신을 의도적으로 초청할 때 사탄은 처음에는 그 사람에게 좋은 것으로 줄 수 있습니다. 원하는 것을 줄 수 있습니다. 성공과 명예와 재물을 줄 수 있습니다. 사울도 하나님께 버림을 받았지만 그의 왕권은 계속 유지되었습니다. 그러나 그의 인생이 돈과 명예와 성공으로 유지되었을지라도 마지막은 지옥입니다. 이것은 비단 사울뿐만 아니라 악한 영에게 묶인 모든 사람들의 결말입니다.

우리가 원하지 않았지만 무의식적으로 귀신을 초청할 수 있습니다. 그래서 성경은 이러한 것을 방지하기 위해 '악은 그 모양까지도 버리라'(살전 5:22)고 말했던 것입니다. 우리가 참된 그리스도인들이라면 죄와 타락과 악령이 강하게 역사하는 장소나 환경에 자신을 노출시키지 말아야 합니다. 자칫하면 이러한 곳에서 귀신에 대한 무의식적인 초청이 일어날 수 있기 때문입니다. 또한 우리 안의 죄성들(교만, 미움, 탐욕 등)도 귀신의 무의식적인 초청의 요인이 될 수 있다는 것을 기억하십시오. 그러나 이러한 것을 통한 귀신의 묶임은 강하지 않습니다. 문제를 회개하고 돌이키면 그 묶임이 그 순간 끊어집니다. 문제는 우리가 의도적으로 귀신을 초청할 때입니다. 제사를 통해, 이단을 통해, 거짓종교를 통해, 우상숭배를 통해, 사탄을 숭배하는 행위를 통해 직접적으로 귀신을 초청하면 귀신의 침투는 더 강력하고 묶임도 더 강합니다.

물론 사탄은 이렇게 의도적으로 초청하는 사람에게 고통만을 주는 것은 아닙니다. 때에 따라서는 성공과 명예와 재물을 주기도 합니다. 그러나 이러한 것을 통해 사탄에게 묶인 사람들의 결과는 지옥이라는 것을 반드시 기억하십시오.

우리는 악령이 아닌 성령께 단단히 묶인 사람들이 되어야 합니다. 온전한 성령의 통치를 받는 사람들이 되어야 할 것입니다. 이런 사람에게는 천국이 보장되며, 세상에서 먼저 그의 나라와 의를 구하는 의인의 삶을 살아갈 때 형통한 삶(시 1:3, 마 6:33)이 보장됩니다.

7장

악한 영들의 견고한
진을 파쇄하기

이번 장에서는 우리가 영적 전쟁을 하게 될 때 먼저 대적하기 전에 무엇을 준비해야 하는지에 대해 말씀드리고, 실제적으로 어떻게 영적 전쟁을 수행해 나가야 하는지에 대해 말씀을 드리고자 합니다.

1. 먼저 영적으로 성장하십시오!

악한 영을 대적하기 전에 먼저 알아야 할 영적 원리가 있습니다. 그것은 각 개인에게 역사하는 낮은 직급의 귀신[40]과 한 나라의 통치자나 권력자와 같은 사람에게 역사하는 통치자급의 악령과는 대적하는 방법이 다르다는 것입니다.

우리가 알아야 할 중요한 영적인 원리는, 귀신이라고 '무조건 대적만 해서는' 오히려 역효과가 나타날 수 있다는 것입니다. 사도행전의 스게와의 아들에게서 이러한 것을 볼 수 있습니다.

---

40) 예를 들어 분노의 영, 질병의 영, 탐욕의 영 등.

스게와의 일곱 아들들은 사도 바울을 통해 일어나는 놀라운 일들을 목격합니다. 그래서 자신들도 이것들을 해 보고 싶어 흉내를 냅니다.

"하나님이 바울의 손으로 놀라운 능력을 행하게 하시니 심지어 사람들이 바울의 몸에서 손수건이나 앞치마를 가져다가 병든 사람에게 얹으면 그 병이 떠나고 악귀도 나가더라 이에 돌아다니며 마술하는 어떤 유대인들이 시험삼아 악귀 들린 자들에게 주 예수의 이름을 불러 말하되 내가 바울이 전파하는 예수를 의지하여 너희에게 명하노라 하더라 유대의 한 제사장 스게와의 일곱 아들도 이 일을 행하더니 악귀가 대답하여 이르되 내가 예수도 알고 바울도 알거니와 너희는 누구냐 하며 악귀 들린 사람이 그들에게 뛰어올라 눌러 이기니 그들이 상하여 벗은 몸으로 그 집에서 도망하는지라"(행 19:11-16, 개정)

스게와의 일곱 아들은 사도 바울의 흉내를 냈다가 오히려 귀신들에 당하고 맙니다.

우리는 이 말씀에서 중요한 영적 원리 하나를 발견할 수 있습니다. 그것은 귀신이 '스게와의 아들들의 영적인 수준을 이미 간파하고 있다'는 것입니다. 그랬기 때문에 귀신이 공격을 한 것입니다. 만약 똑같은 상황에서 사도 바울이 명령을 했다면 귀신들은 어떻게 했을까요?

그 명령 앞에 굴복하며 두려워 떨었을 것입니다.

대적사역을 하다 귀신의 정체가 드러나면 함께 참석한 사람들에게 대적해 보라고 권합니다. 이렇게 대적을 시켜보면 귀신이 둘 중에 하나로 반응을 합니다.

사도바울처럼 그 명령에 순복해 무릎을 꿇던지, 스게와의 아들처럼 무시하든지 말입니다.

귀신이 '귀신같이 그 사람 영적인 상태를 아는 것'입니다. 그래서 우리가 영적인 사역을 할 시에 먼저 영적으로 무장되어 있지 않다면 귀신에게 해를 입을 수도 있는 것입니다.

그래서 먼저 영적으로 준비되는 것이 필요한 것입니다.

이렇게 영적으로 준비된 상태에서 우리가 나사렛 예수 그리스도 이름으로 대적하면 귀신이 두려워 떠는 것입니다.[41] 그러나 우리가 가진 '영적권위와 믿음이 연약하다면' 귀신은 버티며 견뎌냅니다. 그래서 사도바울은 악한 영들을 대적하기 전에 우리에게 먼저 '영적으로 강건해 질 것을 주문'하는 것입니다.

> "끝으로 너희가 주 안에서와 그 힘의 능력으로 강건하여지고 마귀의 간계를 능히 대적하기 위하여 하나님의 전신 갑주를 입으라"(엡 6:10-11, 개정)

---

41) "네가 하나님은 한 분이신 줄을 믿느냐 잘하는도다 귀신들도 믿고 떠느니라"(약 2:19, 개정)

그렇다면 어떻게 우리가 주 안에서 그 힘의 능력으로 강건해질 수 있을까요?

마가복음 9장에 보면 예수님이 영적 전쟁에 관련하여 아주 중요한 말씀을 하신 것이 기록되어 있습니다.

한 아버지가 귀신들려 간질로 고생하는 아이를 데리고 예수님께 찾아옵니다. 그러나 그때 예수님께서는 변화산에 계셨기 때문에 남은 제자들이 그 아이를 치유하려고 애썼습니다. 결국 치유하지 못하고 실패합니다. 그런데 성경에 보면 재미있는 말이 기록되어 있습니다. 축사에 실패한 제자들과 몇몇 율법학자들이 논쟁을 벌였다는 것입니다.[42] 이것이 능력 없는 사람들에게 나타나는 특징입니다. 변명합니다. 그리고 자신의 문제가 아니라 상대방의 문제라고 책임을 전가합니다. 만약 우리가 이러한 상황을 만난다면 겸손히 자신의 능력의 한계를 인정하는 것이 더 아름다운 모습이 될 것입니다. 우리는 '예수님이 아니기 때문에' 실패할 수 있는 것입니다. 그러나 두려워하지 마십시오. 이러한 경험과 훈련들이 축적될 때 영적인 근육들이 더 강해지는 것입니다.

---

42) "이에 그들이 제자들에게 와서 보니 큰 무리가 그들을 둘러싸고 서기관들이 그들과 더불어 변론하고 있더라"(막 9:14, 개정)

다시 본론으로,

축사에 실패한 제자와 율법학자들이 논쟁을 벌이는 상황에서 예수님이 돌아오셨습니다. 그리고 예수님은 한 번에 귀신들을 쫓아 버리십니다.

> "예수께서 무리가 달려와 모이는 것을 보시고 그 더러운 귀신을 꾸짖어 이르시되 말 못하고 못 듣는 귀신아 내가 네게 명하노니 그 아이에게서 나오고 다시 들어가지 말라 하시매 귀신이 소리 지르며 아이로 심히 경련을 일으키게 하고 나가니 그 아이가 죽은 것 같이 되어 많은 사람이 말하기를 죽었다 하나 예수께서 그 손을 잡아 일으키시니 이에 일어서니라 집에 들어가시매 제자들이 조용히 묻자오되 우리는 어찌하여 능히 그 귀신을 쫓아내지 못하였나이까 이르시되 기도 외에 다른 것으로는 이런 종류가 나갈 수 없느니라 하시니라" (막 9:25-29, 개정)

그런데 귀신을 쫓아내지 못했던 제자들이 묻습니다.
"왜 우리는 귀신을 쫓아내지 못했습니까?"
그러자 예수님이 말씀하십니다.
"기도 외에 다른 것으로는 이런 종류가 나갈 수 없다"
이것이 영적 전쟁의 '핵심'입니다.

기도를 통해 우리의 영적인 수준이 성장되지 않으면 우리는 악한 영과 대적하여 이길 수 없습니다! 내가 명령을 한다고 해도, 귀신들이 비웃는 것입니다. 버티는 것입니다. 영적 권세가 없기 때문입니다! 그래서 기도를 통해 먼저 우리의 영이 강건해져야 합니다. 기도가 우리의 영적 수준(권세)을 성장시키기 때문입니다. 기도 외에는 다른 어떤 것도 귀신을 결박할 수 없으며 쫓아낼 수 없습니다. 마늘도, 부적도, 십자가의 모양도 귀신들을 굴복시킬 수 없습니다.

예수 그리스도의 이름의 권세와 기도를 통해 영적으로 성장할 때에만 어떤 사탄의 세력과도 싸워 승리할 수 있는 것입니다.

우리가 현재 끊임없이 기도하며 영적용사로 성장하고 있다면 귀신은 그 사람의 영적 상태를 압니다. 그래서 쉽게 공격하지 못하고 두려워하며 접근하지 못합니다. 그러나 기도하지 않는다면 귀신이 기도로 준비되지 않았던 제자들을 두려워하지 않았던 것처럼 이런 사람들도 두려워하지 않습니다. 그 사람이 비록 목사일지라도 장로, 혹은 권사일지라도 영적 권세가 없다면 두려워하지 않습니다.

귀신은 예수님이 자신 앞에 나타난 것만으로도 두려워하며 경련을 일으켰습니다.[43]

이것이 바로 영적인 권세이며 권능인 것입니다!

그런데 중요한 것은 예수님은 이미 십자가를 통해 우리에게 '이러한 권능과 권세를 주셨다'는 것입니다(막 16:17-18). 문제는 그 권능의 칼을 사용하지 않고 방치하여 녹이 슬고 무뎌져 사용하기 어렵다는 것입니

---

43) "이에 데리고 오니 귀신이 '예수를 보고 곧 그 아이로 심히 경련을 일으키게 하는지라' 그가 땅에 엎드러져 구르며 거품을 흘리더라"(막 9:20, 개정)

다. 이제 무뎌진 칼을 꺼내 날카로운 칼로 가십시오. 그것이 바로 '기도'인 것입니다.

2. 반드시 기도를 통해 영적 수준을 성장시키십시오.

우리가 강력하게 기도할 때 영적인 성장은 반드시 일어납니다. 그러나 많은 그리스도인들이 기도하지만, 영적 성장을 이루는 영의 기도는 많이 하지 않습니다. 기도를 한다 할지라도 단발적인 기도, 혹은 필요할 때마다 즉흥적으로 하는 기도를 많이 합니다. 물론 이러한 기도까지도 하나님은 다 들으시지만 영적 성장을 위해서는 큰 도움이 되지 않습니다. 영적으로 우리를 성장시키는 기도는 '지속적이고 오랜 시간하는 기도'입니다.[44] 하나님의 아들이시며 그분의 본체이셨던 예수님께서

---

44) 이때 방언 기도가 큰 도움이 됩니다.

도 매일 반복적으로 빼먹지 않고 하신 것이 있습니다. 바로 기도였습니다. 밤이 새도록 사역한 후에 따로 시간을 내서서 한적한 곳에서 하신 일도 기도였습니다(막 1:33-35). 무리들을 다 떠나가게 하시며 홀로 기도하셨고 어려운 일이 있을 때도 기도하셨습니다. 40일 동안 금식 기도도 하셨습니다. 예수님은 권능의 원천이셨지만 그 권능이 더 차고 넘치도록 하기 위하여 지속적으로 하나님께 기도하신 것입니다.

사도 바울은 우리에게 쉬지 말고 항상 기도하라고 말합니다. 능력의 원천이 기도임을 사도 바울은 이미 알고 있었기 때문입니다. 그러나 사실 기도하는 것은 쉽지 않습니다. 겉사람의 속성이 강한 우리의 몸과 마음이 거부하기 때문입니다. 사탄의 세력 또한 기도를 방해하기 때문입니다. 그러나 무릎 꿇고 반복적으로 지속적으로 기도한다면, 혼과 육이 제어되면서 영적인 성장이 일어납니다. 혼과 육을 쳐서 복종시켜 기도하는 것이므로 영의 속사람이 강해지며 영적 성장이 일어나는 것입니다.

또한 '지속적인 중보기도'를 통해서도 영적인 성장을 이룰 수 있습니다. 중보기도는 다른 사람을 위한 기도입니다. 기도를 하다보면 하나님께서 어느 순간 중보의 마음을 주실 때가 있습니다. 특별히 중보기도의 은사를 가진 사람들은 하나님의 마음을 품고 중보를 수행합니다. 영적인 세계에서 중보기도자가 다른 사람을 위해 기도할 때 무너진 데가 막아지며 수복됩니다. 영안이 열린 중보기도자는 기도 가운데 중보대상자가 치유되고 회복되는 것을 느끼면서 기도할 수도 있습니다. 그러나 이렇게 영적으로 민감하지 못할지라도 하나님께서 중보의 마음을 주셔서 기도한다면 그 기도를 통해 무너진 데가 수복되며 하나님 나라가 확장됩니다.

중보기도자는 이렇게 기도로서 영적 사역을 수행합니다. 그래서 중보기도자는 성령께서 친히 이끄는 기도를 하기 때문에 강력한 영적권위를 가집니다. 그래서 사탄은 이런 자들의 기도를 무서워하며 이들이 영적 권세로 대적할 때 두려워 떱니다.

또한 '방언'으로 기도할 때 영적인 성장이 일어납니다. "방언을 말하는 자는 사람에게 하지 아니하고 하나님께 하나니 이는 알아듣는 자가 없고 영으로 비밀을 말함이라"라고 고린도 전서 14장 2절에 기록되어 있습니다. 방언은 영의 기도이므로 방언으로 기도할 때 영의 통로들이 점진적으로 열리게 됩니다. 또한 우리가 영적으로 성장해 나가는 것처럼 방언 또한 변화되며 성장합니다. 오랜 시간 방언으로 기도하는 사람은 방언을 통해 영적으로 성장하며 은사들이 임하는 것을 경험할 것입니다. 영의 성장과 방언과는 결코 무관하지 않습니다. 오랜 시간 방언으로 기도하다 보면 영이 맑아져 새노래 방언찬양이 나오기도 합니다. 때로는 통변이 임하기도 하며 외국어 방언을 하기도 합니다.

그런데 방언기도를 오래 하다보면 한번쯤 만나게 되는 방언이 있습니다. 마치 전투를 하는 것처럼 '두두두두', '다다다다'하면서 나오는 방언입니다. 그러나 이러한 방언이 어떤 방언인지, 무엇을 기도하는지 모르는 사람들이 많습니다. 이 방언은 악한 영들과 싸우는 전투 방언입니다.[45] 이 방언을 하고 있다면 이 사람은 이미 영적으로 성장한 사람입니다. 그렇기에 성령께서 이 방언을 통해 악한 영적 세력과 싸우도록 친히 인도하시는 것입니다. 그러나 방언이 '두두두두', '다다다다'로 나온다고 해서 모두 다 전투 방언은 아닙니다. 같은 발음일지라도 방언 안에 내포된 뜻이 각기 다르므로 발음으로 판단해서는 안 됩니다. 영적으로 민감한 사람은 전투방언을 할 때 영적 전쟁터에서 악한 영들과 싸우고 있다는 것을 성령께서 친히 가르쳐 주심으로 알 수 있습니다. 이 전투 방언은 비록 본인은 인식하지 못할지라도 직접적으로 악한 영들과 싸우는 방언입니다. 마치 전쟁터에서 총을 쏘듯이, 대포를 쏘듯이 악한 영들과 전투하는 것입니다. 환상을 보며 기도하는 사람이라면 영적 세계에서 악한 영들이 결박되며 쫓겨나가는 것을 보실 수 있습니다. 그렇기 때문에 방언으로 꾸준히 기도한다면 방언은 성령님이 주신(행 2:4) 것이며 성령의 언어이므로 빠른 영적 성장을 도모할 수 있습니다. 나의 경우도 축사나 대적사역을 할 때 안수하며 방언기도를 강하게 합니다. 방

---

45) 방언으로 기도할 때 기도하는 사람은 모를지라도 방언 안에 악한 영들과 싸우는 전투방언이 포함되어 있습니다. 처음 방언을 받았을 때는 주로 자기의 영을 보호하는 기도로 시작되지만 영적으로 성장되면 방언 또한 악한 영들을 결박하고 대적하는 전투방언으로 바뀌게 됩니다. 그리고 새노래 방언찬양 또한 악한 영들을 물리치는 강한 영적 권세가 있는 방언입니다.

언은 친히 성령께서 이끄시는 영의 기도이기 때문에 육성의 기도보다 더 강력한 권세가 있는 것입니다.

끝으로 만약 우리 가운데 전투방언(새노래 찬양 포함)으로 영적전쟁을 수행하고 있다면 그 사람은 훈련된 '영적 용사'라는 것을 기억하십시오. 하나님이 인정하신 '영적 용사'의 단계까지 오른 사람들입니다. 이 방언을 한다는 것은 영적으로 그 만큼 성장했다는 증거입니다. 그러므로 만약 주위에서 귀신의 정체가 드러난 사람을 만나게 된다면 그때 두려워 말고 예수님의 이름으로 대적해 보십시오. 그럼 이 명령 앞에 귀신이 무릎을 꿇고 복종할 것입니다.

3. 강력한 영과는 이렇게 싸웁니다

악한 영들을 대적하기 전에 영적으로 성장하는 것이 먼저입니다. 그러나 우리가 영적으로 성장할 때 상황에 따라 높은 직급의 강력한 악한 영을 만날 때도 있습니다. 악한 영은 영적 존재로서 그 사람의 영적 수준을 한눈에 파악합니다. 어느 단계의 영적 수준인지를 먼저 안다는 것입니다. 그러나 우리는 사람이기에 악한 영과 대면하였을 때 그 악한 영의 수준을 파악하기가 어렵습니다. 그래서 때로는 자신의 영적 수준보다 높은 악한 귀신을 대적했을 때 실패할 수 있습니다. 예수님의 이름으로 대적하여도 귀신의 정체가 잘 드러나지 않기도 합니다. 혹은 반대로 귀신이 우리를 공격할 수도 있습니다.

이때 이러한 증상들이 나타날 수 있다는 것을 기억하십시오.

사역의 실패로 큰 상실감이 올 수 있습니다.

또는 우울함이 찾아올 수도 있으며, 축사사역에 대해 두려운 마음이 들 수도 있습니다.

이러한 증상들은 자신보다 강한 악한 영들에 의해 공격을 받았을 때 나타나는 증상들입니다.

이때 사역의 실패로 인해 다른 곳으로 시선을 돌릴 수 있습니다. '나는 이 사역이 아닌가보다', 혹은 '더 중요한 것은 말씀이야'하면서 사역의 방향을 전환할 수 있습니다. 이것이 바로 사탄이 의도한 궤계입니다. 예수님께서도 공생애 기간 동안 귀신 쫓는 사역에 많은 시간을 할애했다는 것을 기억하십시오. 누구나 실패할 수 있습니다! 예수님의 제자들도 축사에서 실패하지 않았습니까? 중요한 것은 실패하지만 다시 일어나는 것입니다. 일어난다는 것은 '다시 하나님을 의지한다는 것'입니다. 하나님을 의지하며 기도와 영의 양식으로 영적인 근육들을 키워나갈 때 하나님의 권능이 더 부어지게 됩니다. 포기하면 영적 성장은 멈추지만, 다시 일어나면 우리의 영은 더 강해집니다. 하나님이 친히 도우시기 때문입니다.

이렇게 다시 일어나 나를 넘어 뜨렸던 귀신을 공격한다면, 명령에 그 귀신은 반드시 굴복하게 될 것입니다. 우리가 하나님을 의지하여 다시 일어날 때, 하나님이 권능으로 기름부으시기 때문입니다!

그러나 우리가 이런 '각 개인에게 역사하는 악한 영(귀신)'이 아닌 '공중 권세잡은 자들[46]을 대적할 때에는 방법을 달리해야 합니다. 이러한 높은 직급의 악령들은 수하에 부리는 귀신들도 많습니다. 또한 통치자급이나 권세자급은 전쟁을 일으키거나 한 도시를 동성애로 물들일 정도로 막강합니다. 그래서 이러한 영들에게는 강력한 힘과 권세가 있기 때문에 개인이 대적하기에는 역부족입니다. 그렇기 때문에 하나님이 이러한 공중 권세잡은 자들을 공격하게 할 때는 개인을 세워 기도하게 하는 것이 아니라 '많은 중보기도자'들을 세워 기도하게 하시는 것입니다. 중보의 부대를 일으켜 중국의 견고한 진을 파쇄하는 기도를 시키는 것이며, 북한을, 이스라엘을 위해 기도시키는 것입니다. 이런 기도들은 개인의 대적기도와는 달리 기도의 연합을 통해 영적 불기둥을 만들어 공중 권세잡은 자들의 견고한 진들을 파쇄하는 기도입니다.

지금 세계적으로 이스라엘을 향한 중보의 기도부대들이 일어나고 있습니다. 왜 그럴까요? 마지막 때에는 반드시 이스라엘의 회복이 성취되어야 하기 때문입니다. 그래서 하나님은 중보의 부대들을 통해 이스라엘의 견고한 진인 공중 권세잡은 자들을 대적케 하는 것입니다.

하나님은 이러한 방법으로 강력하고 견고한 진을 파쇄시킵니다.

그러나 일반적인 낮은 직급, 사람들을 공격하는 영은 우리의 영적 수

---

46) 높은 직급의 통치자, 권세들, 이 세상의 어둠의 주관자들의 악령

준만 향상된다면 쉽게 이길 수 있습니다. 이제 이러한 영들을 대적하십시오![47] 재정의 문제가 있다면 재정을 잡고 있는 악한 영을 예수님의 이름으로 대적하십시오. 재정의 문제가 악한 영으로부터 발생된 것이라면 풀리는 것을 보게 될 것입니다. 질병을 통해 공격하고 있었다면 질병의 문제가 해결되는 것을 보게 될 것입니다.[48] 미움이나 분노의 마음이 올라올 때도 미움의 영과 분노의 영을 대적하십시오. 예수님이 주신 권세로 우리의 삶을 누르고 있는 문제들을 하나하나 대적할 때 귀신으로부터 기인된 것이라면 문제들이 해결될 것입니다.

그러나 모든 문제가 다 귀신으로부터 기인된 것은 아닙니다. 하지만 우리가 상상하는 것보다 훨씬 많은 문제들이 귀신의 공격 때문에 발생한다는 것을 기억하십시오. 그래서 우리가 영적으로 성장하여 예수님의 권능으로 대적사역(기도)을 한다면 이전에 경험하지 못한 놀라운 영적인 체험들을 많이 하게 되는 것입니다.

---

47) 일반적으로 사람들 안에 숨어 있는 악한 영들은 직급이 비교적 낮은 귀신들입니다. 통치자급이나 권세자급의 악한 영들은 특별한 목적이 없다면, 사람 안으로 잘 들어오지 않습니다. 대신 공중에서 권세를 잡고 이 세상의 악한 영들을 지배하며 통치합니다. 그러므로 우리가 대적할 때는 사람 안에 있는 귀신이나 우리 주변에 떠도는 귀신이나 장소에 머무는 귀신들을 대적하면 됩니다.
48) 대적을 했을 때 질병이 바로 사라지는 경우는 귀신이 질병으로 공격한 지 오랜 시간이 경과되지 않은 경우입니다. 만약 질병이 오래되었다면 귀신이 떠나가도 육체에 질병이 남아 있을 수 있으므로 의사의 도움을 받든지, 신유 사역자를 통해 온전한 치유를 받는 것이 좋습니다. 참고로 귀신이 일으킨 질병의 경우 대부분 죄를 통해 들어오기 때문에 죄에 대한 회개가 동반되어야 온전히 회복될 수 있습니다. 그러나 때에 따라서는 하나님의 특별한 목적(보통 불신자들을 하나님께 돌아오게 할 때) 때문에 영적 원리와 상관없이 오래된 불치병과 암과 같은 질병이 단번에 깨끗하게 치유될 수도 있습니다.

Part 2

성령의 영적 세계
'성령의 사역'

1장

거듭날 때
내주하시는 성령님은 어떤 분이신가?

이번 장에서는 내 안에 임재하시는 성령님이 어떤 분이신지에 대한 '성령님의 속성'에 대해 살펴보려고 합니다.

1. 편재[49]하신 성령님

먼저 우리는 '성령님의 통치 방법'과 '악한 영의 통치(지배) 방법'이 서로 다르다는 것을 이해해야 합니다. 많은 사람들이 이것을 잘 구분하지 못합니다. 어떤 경우는 악한 영의 통치 방법을 성령의 통치 방법으로 오해하기도 합니다.

악한 영의 통치 방법은 이러합니다.

일반적으로 악한 영은 여러 단계[50]를 거쳐 점진적으로 사람들을 지배해 갑니다. 만약 죄로 인해 마음이 열리고 죄가 자리를 잡게 된다면 그

---

49) 두루 퍼져 있음
50) 생각 → 마음 → 행동 → 사탄의 도구로 사용

통로를 통해 귀신이 침투하여 우리 안에 들어올 수 있습니다. 그런데 귀신이 우리 안으로 들어올 때는 '하나의 객체'로서 들어옵니다. 물론 우리의 육신은 하나이지만 죄의 속성과 기질에 따라 몇 마리, 혹은 수십 마리, 수백 마리의 귀신도 우리 안에 들어올 수 있습니다. 그러나 귀신이 들어올 때는 각 객체별로 하나하나 독립체로서 들어옵니다.

반면 성령하나님은 다릅니다.
많은 사람들이 성령님에 대한 오해가 있습니다. 그것은 우리가 거듭날 때 성령님이 마치 각 사람에게 한 분씩 들어온다고 생각하는 것입니다. 악한 영들이 각 객체로 들어오듯이 말입니다. 성령님에 대한 오해입니다.

성령님의 내주는 이와는 다릅니다. 오히려 정반대입니다. 성령님이 우리 안에 들어오시는 것이 아니라 '우리가 온 우주를 덮고 계신 편재하신 성령님의 품 안으로 들어가는 것'입니다.

우리는 해의 예시를 통해 이것을 설명할 수 있습니다.

해가 이 땅을 비춥니다. 우리가 의도하지 않아도 해가 있으면 빛을 통해 그 기운을 느낄 수 있습니다. 그러나 만약 우리가 지하실로 들어간다면 해는 우리를 비출 수가 없게 됩니다.

이 땅 어디든지 해가 비추나 의도적으로 해를 피해 지하실이나 동굴에 숨는다면 빛은 우리를 비출 수가 없게 됩니다.

성령님도 이와 마찬가지입니다. 성령님은 해와 같습니다. 누구에게

나 비추십니다. 그러나 우리가 죄를 품게 되면 지하실에 숨는 것과 똑같은 상태가 됩니다. 아담과 하와의 죄가 우리를 이렇게 만들었습니다. 반면 우리가 믿음으로 예수님을 영접하면 지하실에서 나와 해 앞에 서는 것과 같게 됩니다.

성령님이 우리 안에 임재하시게 되는 것입니다. 하지만 이 말의 본질적인 의미는 '여러 성령님 중에 한 분이 내 안으로 들어온다는 의미가 아니라 오히려 편재하신 성령님의 품 안으로 우리가 들어가는 것'입니다.

악한 영들은 각 객체로 존재합니다. 그래서 몇 마리인지 셀 수가 있습니다. 그러나 성령님은 한 분이십니다. 우주보다 더 크신 분이십니다. 그래서 셀 수 있는 분이 아니십니다.

그러므로 성령님이 우리 안에 임재하신다고 할 때는 많은 성령님 중에 한 분이 내 안에 임재하는 것이 아니라, 오히려 편재하신 성령님의 품으로 우리가 들어간다는 것을 기억해야 합니다.

이것이 성령님 통치 방법과 악한 영의 통치 방법과의 차이입니다.

2. 인격이신 성령하나님

우리가 '인격적인 성령님'이라는 말을 자주 쓰는데 이 '인격적'이라는 말이 무슨 의미일까요?

그것은 우리와 비슷한 인격과 감정을 가졌다는 것입니다. 하나님의 형상을 닮은 우리가 때로는 분내며, 기뻐하며, 행복해 하며, 슬퍼하듯 이러한 감정들을 성령님도 가지고 계시다는 것입니다.

그래서 성령님이 근심도 하시고 탄식도 하시는 것입니다.

"하나님의 성령을 근심하게 하지 말라 그 안에서 너희가 구원의 날까지 인치심을 받았느니라"(엡 4:30, 개정) "이와 같이 성령도 우리의 연약함을 도우시나니 우리는 마땅히 기도할 바를 알지 못하나 오직 성령이

말할 수 없는 탄식으로 우리를 위하여 친히 간구하시느니라"(롬 8:26,
개정)

그러나 진노의 모습을 보이시기도 하십니다.

"아들을 믿는 자에게는 영생이 있고 아들에게 순종하지 아니하는 자는
영생을 보지 못하고 도리어 하나님의 진노가 그 위에 머물러 있느니라"
(요 3:36, 개정)

성령님에게 이러한 인간과 같은 감정이 있다는 것입니다. 그러나 성령님이 이런 감정을 가졌다할지라도 인간처럼 변개하지 않으시며 마음에 작정한 것을 쉽게 바꾸지 않으십니다. 왜냐하면 성령님 안에 늘 좋은 인격적인 성품과 선한 것이 있기 때문에 그러한 변화를 보이지 않는 것입니다.

"오직 성령의 열매는 사랑과 희락과 화평과 오래 참음과 자비와 양선과
충성과 온유와 절제니 이같은 것을 금지할 법이 없느니라"(갈 5:22-
23, 개정)

이 성령의 열매가 바로 성령님 안에 내재하는 인격적인 성품들을 대표하는 것입니다. 그래서 우리는 성령님을 인격적인 성령님이라고 부르

는 것입니다.

또한 성령님은 인격적이기 때문에 일하실 때도 악한 영들과는 다른 모습을 보이십니다.

악한 영(귀신)들은 죄가 있는 곳이라면 무단으로 침입하는 불법의 존재입니다. 죄의 작은 틈만 있으면 비집고 들어옵니다. 그리고 지배력을 확장하기 위해 더 많은 죄를 짓도록 유도합니다. 이런 방법을 통해 귀신들은 더 강력해지며 또 더 많은 귀신들을 불러 드립니다. 이것이 악한 영들의 방법입니다.

그러나 성령님은 인격이시기 때문에 우리의 허락 없이 무단으로 침입하지 않으십니다. 환영하며 받아들일 때까지 문 밖에서 기다리시는 것입니다(계 3:20). 우리가 마음을 열고 성령님을 인정하고 환영하고 모셔 들일 때 인격적으로 역사하기 시작하는 것입니다. 동고동락하시며, 빌 바를 알지 못할 때는 탄식하시며 도우십니다. 우리의 영이 괴로움에 몸부림칠 때 성령님은 우리를 대신하여 울어 주시며, 기쁨을 감추지 못할 때 그 기쁨과 함께 하십니다. 이렇게 성령님은 우리와 함께 하시며 인격적으로 역사하십니다.

이것이 '인격이신' 성령님과 악한 영들의 역사 방법의 차이입니다.

2장

심령이란 무엇인가

"오직 너희의 심령이 새롭게 되어 하나님을 따라 의와 진리의 거룩함으로 지으심을 받은 새 사람을 입으라" (엡 4:23-24, 개정)

이번 장에서는 우리가 많이 쓰는 심령이 무엇인지에 대해 살펴보고자 합니다.

심령에 대한 이해

우리는 심령이라는 단어를 많이 쓰지만 정작 이 심령이 무엇을 의미하는지를 아는 사람들은 그리 많지 않습니다.

우리가 자주 쓰는 이 심령이란 무엇일까요?

이 심령은 마음과는 다른 것입니다. 마음은 '혼적인 영역'에 속한 것이지만, 심령은 마음보다 더 깊은 영역에 있는 것으로 영과 혼을 연결시키는 '영적인 통로'입니다.

모든 인간은 태어날 때 이 심령이 닫혀 있는 상태로 태어납니다. 영과 혼이 분리된 상태로 태어나기 때문입니다. 그러나 이 심령이 열리는 때가 있습니다. 바로 우리가 구원의 복음을 믿고 거듭날 때입니다.

이미 앞에서 말한 바와 같이 우리가 구원의 복음을 믿음으로 받으면 그 말씀이 먼저 마음 가운데 심겨집니다. 그리고 그 생명의 말씀이 빛이 되어 마음보다 깊은 심령을 통해 영의 문을 두드리게 됩니다. 구원의 말씀으로 인해 혼과 영이 심령으로 연결되는 것입니다. 심령은 '영과 혼을 연결시키는 통로'인 것입니다. 그리고 깨어난 영 안에 성령님이 임재하시는 것입니다. 이것이 성경이 말하는 거듭남의 영적인 원리입니다.

그러나 혼이 죄성을 버리지 않고 계속 유지한다면 심령의 통로는 다시 닫히게 됩니다. 왜냐하면 하나님의 인성과 신성을 가진 '거룩한 영'은 '죄성을 가진 혼'과 하나가 될 수 없기 때문입니다. 죄로 인해 영과 혼의 심령의 통로가 막히게 되는 것입니다. 하지만 혼의 헌신과 수고로 죄(겉사람)와 싸우며 영의 양식을 지속적으로 심령을 통해 영(속사람)에게 공급해 준다면 영과 혼은 더 강하게 결속되게 됩니다. 영과 혼이 강력하게 연합되며 하나가 되어가는 것입니다. 이러한 강력한 심령의 결속을 통해 영과 혼이 유기적으로 반응하게 되는 것입니다. 영의 하나님의 인성과 신성이 그 사람의 혼에 영향력을 미치기 시작하고, 또한 성령님이 심령을 통해 직접적으로 우리에게 말씀을 하실 수 있게 되는 것입니다. 이 음성을 혼이 '심령을 통해' 지각하게 되는 것입니다. 혼은 이것을 '감동'으로 들을 수도 있고, '세미한 음성'으로도 들을 수 있고, '환상'이나, '꿈'이나 다른 계시 방법으로 들을 수 있게 되는 것입니다. 강하게 영과 혼이 심령으로 연합되어 있기 때문에 가능한 것입니다.

또한 영과 혼과 육이 더 하나로 결속되어 성령님의 통치를 받게 되면, 심령을 통해 성령님의 신적인 권능이 그 사람의 혼과 육체를 통해 나타날 수도 있게 됩니다. 영에 계신 성령의 음성을 혼이 듣고 육체의 순종을 통해 아픈 자에게 손을 얹고 기도할 때 치유되는 역사가 일어나는 것입니다. 치유와 회복이 일어나게 되는 것입니다.

심령이 이런 영적인 통로 역할을 하는 것입니다.

심령은 처음에는 끊어진 다리와 같습니다. 원죄의 결과입니다. 그러나 우리가 구원의 복음을 믿음으로 받아들일 때 이 다리는 연결이 됩니다. 처음에는 시냇물의 통나무 다리와 같습니다. 그러나 영의 양식의 공급을 통해 그 심령은 강한 다리가 될 수 있습니다. 결국 더 온전히 성장하게 되면 영과 혼은 하나로 결속되며, 심령은 영혼과 더 밀착됩니다. 이것이 성경이 말하는 심령의 모습입니다.

심령과 마음의 구분

성경에 보면 심령이란 단어도 나오고 마음이란 단어도 나옵니다.

> "나는 주께서 네 심령에 함께 계시기를 바라노니 은혜가 너희와 함께 있을지어다"(딤후 4:22, 개정) "여호와께서 사람의 죄악이 세상에 가득함과 그의 마음으로 생각하는 모든 계획이 항상 악할 뿐임을 보시고"(창 6:5, 개정) "밤에 부른 노래를 내가 기억하여 내 심령으로, 내가 내

마음으로 간구하기를 주께서 영원히 버리실까, 다시는 은혜를 베풀지 아니하실까."(시 77:6-7, 개정)

성경은 심령과 마음을 구분합니다.

심령이란 단어는 오직 거듭난 사람들[51]에게만 사용되고, 반면 악인들에게는 마음이라는 단어를 사용합니다. "마음에 악이 가득 찼다"라는 식으로 말입니다.[52] 그러나 마음은 신자나 불신자나 다 존재하는 '혼의 기관'이므로 신자에게도 쓰입니다. 하지만 심령이란 단어는 불신자에게는 절대 쓰이지 않습니다. 왜냐하면 심령은 영적으로 깨어난 사람에게만 존재하는 '영적인 기관'이기 때문입니다. 그래서 성경에서는 심령이란 단어를 거듭난 자들에게만 사용하는 것입니다. 이렇게 우리는 마음과 심령을 구분할 수 있습니다.

마음은 혼적인 작용에서 일어나는 '통치 기관'입니다. 그러나 거듭난 자에게 심령은 영(성령님)과 소통을 할 수 있는 '통로 기관'입니다.

심령은 혼과 영을 연결하는 영적 통로일 뿐 아니라, 또한 성령님이 역사하시는 영적 통로인 것입니다.

---

51) 구약의 개념으로는 영이 열린 사람들
52) "독사의 자식들아 너희는 악하니 어떻게 선한 말을 할 수 있느냐 이는 마음에 가득한 것을 입으로 말함이라"(마 12:34, 개정)

3장

성령하나님의 음성

'영'에 내주하시는 성령님이 우리 '혼'에 말씀하시는 다양한 방법

우리는 성령님의 음성을 사모합니다. 그러나 많은 그리스도인들이 성령님의 음성을 제대로 듣지 못하는 것 같습니다. 그래서 많은 사람들이 성령님의 음성은 성경 인물과 같은 특별한 사람들만이 듣는다고 생각합니다. 그렇다면 성경 인물과 같이 특별하지 못한 사람들은, 일반적인 사람들은 성령님과 대화할 자격조차 없는 것일까요? 예수님은 "내 양은 내 음성을 듣는다"[53] 고 분명하게 말씀하셨는데 말입니다.

예수님은 양들이 그 분의 음성을 듣도록 계속 말씀하십니다. 그런데 많은 양들이 이 음성을 듣지 못합니다. 왜 그럴까요?

그것은 주님이 우리에게 어떤 식으로 말씀하시는지 알지 못하기 때문입니다.

양을 치는 목자는 다양한 방식으로 양을 부릅니다. 양이 가까이 있다면 음성으로 부릅니다. 그러나 양이 멀리 떨어져 있다면 휘파람으로 부릅니다. 어떤 경우에는 막대기와 지팡이를 부딪쳐서 양에게 목자의 뜻을 전달하기도 하고, 개를 통해서

---

53) "내 양은 내 음성을 들으며 나는 저희를 알며 저희는 나를 따르느니라"(요 10:27, 개역)

도 할 수 있습니다. 목자는 다양한 방식으로 자신의 뜻을 양들에게 전달하는 것입니다.

그런데 우리의 목자이신 예수님도 이렇게 다양한 방식으로 우리에게 말씀하십니다. 왜냐하면 음성을 들을 수 있는 영적 수준의 위치와 상태가 다르기 때문입니다. 어떤 사람은 성령의 음성을 직접 들을 수 있는 영적 수준을 가졌지만, 어떤 사람은 그렇지 못합니다. 그래서 양들이 알아 들을 수 있도록 다양한 방식으로 말씀하는 겁니다. 우리가 이것을 알지 못하기 때문에 성령의 음성을 제대로 듣지 못하는 것입니다.

또한 우리가 성령의 음성을 제대로 듣지 못하는 이유는 음성에 대해 편견이 있기 때문입니다.

하나님이 마치 산신령처럼 나타나서 우레와 같은 목소리로 말씀하실 것이라고 생각하기 때문입니다. 음성에 대한 자신의 편견이 있기 때문에 듣지 못하는 것입니다.

이제 우리가 가진 편견을 내려놓고 성령이 어떤 방법으로 우리에게 말씀하시는지를 배우고 알게 된다면, 우리는 보다 선명하게 성령의 음성을 듣게 될 것이고 이 음성에 반응하기 시작할 것입니다.

1. '간접적인' 하나님의 음성의 통로

만물을 통해 느낄 수 있는 하나님의 손길

이것은 '신자나 불신자나 관계없이' 모든 사람들이 들을 수 있는 간접적인 하나님의 음성입니다. 모든 인간은 영을 가지고 있습니다. 차이가 있다면 신자의 영은 거듭남으로 영이 깨어 있는 상태인 반면, 불신자의 영은 잠든(죽은) 상태라는 것입니다. 그러나 이 영의 상태가 어떠하든 상관없이 영 안에는 하나님의 인성과 신성이 존재합니다. 그래서 우리가 하나님이 만드신 만물 가운데 거할 때 우리의 영이 반응을 나타냅니다. 우리가 회색 빛 도시에 있을 때에는 아무런 감흥을 느끼지 못하지만 만물 앞에 섰을 때 경이로움과 감동을 느끼는 것은 만물을 창조하신 하나님에 대해 영이 반응하기 때문입니다.

"창세로부터 그의 보이지 아니하는 것들 곧 그의 영원하신 능력과 신성이 그가 만드신 만물에 분명히 보여 알려졌나니 그러므로 그들이 핑계하지 못할지니라"(롬 1:20, 개정)

하나님이 창조하신 만물 앞에서 우리의 영이 반응하는 것입니다. 그리고 그 감동을 혼에게 조명하는 것입니다. 이때 믿는 자들은 만물을 보면서 창조주와 창조물에 대해 감격합니다. 그러나 불신자의 혼은 이것을 거부하기 때문에 반응이 제한됩니다.[54]

하나님은 사람들이 인정하든 인정하지 않든 우주만물을 통해 '그 분의 영원하신 능력과 신성'을 나타내고 계십니다. 이것이 바로 하나님이 만물을 통해 우리에게 말씀하시는 '하나님의 간접적인 음성'입니다. 하나님의 위대한 창조의 손길을 느낄 수 있는 첫 번째 음성의 통로인 것입니다.

---

54) 불신자라 할지라도 영혼의 갈망이 있습니다. 사슴이 시냇물을 찾기에 갈급함 같이 우리의 영혼이 주를 찾기에 갈급해 하는 것입니다(시 42:1). 모든 영들은 창조주 하나님을 갈망합니다. 왜냐하면 우리의 영 안에는 하나님의 인성과 신성이 내재되어 있기 때문입니다. 이것이 하나님을 갈망하는 것입니다. 세상 사람들은 이러한 영의 갈망을 듣지 못하기 때문에 돈이나 명예나 성공으로 그 갈망을 채우려고 합니다. 그러나 영의 갈망은 이러한 것들로는 절대로 채워지지 않습니다. 이 갈급함은 영에서 나오는 '창조주에 대한 갈망'이기 때문입니다. 영의 갈망은 창조주 하나님을 만날 때에만 해소됩니다. 그때야 비로소 영은 안식과 평안을 체험하게 됩니다(요 14:27).

그리스도인들을 통해 전해지는 말씀

또한 우리는 그리스도인들을 통해 전해지는 말씀으로 하나님의 간접적인 음성을 들을 수 있습니다. 비록 세상과 벗하는 그리스도인일지라도 하나님 음성의 도구가 될 수 있습니다. 이들이 누군가에게 복음을 전한다면 하나님 음성의 전달자가 되는 것입니다. 이것이 불신자들에게 복음을 전할 때 전달되는 간접적인 하나님의 음성인 것입니다.

우리는 이렇게 하나님의 간접적인 음성을 들을 수 있습니다. 성령의 음성을 듣는 최상의 방법은 직접적인 음성을 듣는 것이나, 영이 깨어 있지 못한 불신자들은 주변의 그리스도인들을 통해 하나님의 간접적인 음성을 들을 수 있는 것입니다. 이것이 만물과 사람을 통해 전해지는 하나님의 간접적인 음성입니다.

2. '직접적인' 하나님의 음성

　많은 사람들이 하나님이 말씀하실 때는 경이롭고 신비로운 방법으로 말씀하실 것이라고 생각합니다. 하나님이 산신령처럼 나타나 우레와 같은 음성으로 말할 것이라고 간혹 오해합니다. 환상으로 나타나 '내가 하나님이로다'라고 말씀하실 것이라고 상상합니다. 물론 하나님은 전능하신 분이시므로 다메섹에서 예수님을 만났던 사도 바울의 예처럼 직접적인 방법으로 말씀하실 수 있습니다.

　그러나 대부분 하나님의 음성은 이런 방식이 아니라 '성령하나님'으로부터 비롯됩니다. 우리 안에 내주하시는 성령님이 우리에게 음성을 주시는 것입니다.

　그렇다면 우리의 영안에 내주하시는 성령님은 어떠한 방식으로 말씀하실까요?

감동으로 주시는 기본적인 음성들

불신자들은 성령의 음성을 들을 수가 없습니다. 왜냐하면 불신자들의 영 안에는 성령님이 없기 때문입니다. 성령님은 우리가 거듭날 때에만 우리의 영 안에 임재하십니다. 우리의 혼이 구원의 말씀을 듣고 믿음으로 받아들이면, 그 말씀이 빛이 되어 심령을 통해 영의 문을 열고, 그 열린 문으로 성령님이 임재하시는 것입니다. 그리고 성령님은 영과 혼의 연결된 심령을 통해 우리에게 말씀하시는 것입니다. 그러나 우리의 영적인 깊이에 따라 성령님의 음성을 들을 수 있는 수준이 달라집니다. 어떤 사람들은 성령님의 세미한 음성[55]을 직접 들을 수도 있습니다. 우리의 영과 혼이 강하게 연합될수록 성령님의 음성을 더 크고 선명하게 들을 수 있습니다. 또한 하나님께서 기름부어 세우신 예언자나 선지자도 하나님의 음성을 직접 들을 수 있습니다. 그러나 모든 사람들이 이러한 영적 수준에 다다른 것은 아닙니다. 성령님이 이것을 더 잘 아십니다. 그래서 성령님은 직접적인 음성이 아니더라도 우리가 음성을 들을 수

---

55) 세미한 음성은 소곤소곤하는 음성을 말하는 것이 아닙니다. 우리의 영과 혼의 연결(연합)이 약하면 성령님이 아무리 크게 말씀하신다 하더라도 성령님의 음성이 세미하게 들립니다. 수도관이 작으면 물이 적게 나오듯이 말입니다. 그러나 영혼의 연합이 강하면 성령님이 비록 세미한 음성으로 말씀하신다할지라도, 그 음성이 크고 선명하게 들리게 됩니다.

있도록 여러 방법을 통해 말씀하시는 것입니다. 그 중에 하나가 바로 '감동'을 통한 성령님의 음성입니다.

일례로 성경을 읽고 싶은 마음이 내면 깊은 곳에서 올라온다면 이것이 바로 성령이 감동으로 주시는 음성입니다. 우리는 원래 타락한 존재로서 하나님을 우리 마음에 두기 싫어합니다(롬 1:28). 우리 안에는 본능적으로 하나님의 말씀을 대적하는 죄의 속성이 있습니다. 이러한 우리가 성경 말씀을 읽고 싶은 마음이 생겼다면 그 생각의 근원이 어디로부터 비롯되었겠습니까? 우리의 영에 계신 성령님이 우리 혼에 감동을 주시는 것입니다. "영의 양식인 말씀을 먹으라"고 말씀하시는 것입니다.

찬양과 기도, 예배도 마찬가지입니다. 우리의 혼은 죄성이 있으므로 하나님을 찬양하는 것을 본성적으로 싫어합니다. 그런데 우리 영 안에 계신 성령님이 "영의 양식을 취하라"고 하십니다. 우리가 성령님의 이런 직접적인 음성을 들을 수 없기 때문에 혼에 감동으로 이것을 느끼게 하는 것입니다. 하지만 감동으로 주신 성령의 음성에 순종하지 않고 여러 차례 무시한다면 성령은 인격이시므로 더 이상 말씀하지 않으실 수도 있습니다.

이렇듯 성령님은 우리의 혼에 이러한 감동으로 말씀하십니다. 이것이 감동으로 받는 성령님의 '기본적인 음성'입니다. 말씀을 읽고 싶은 마음, 기도하고 싶은 마음, 봉사하고 싶은 마음, 남을 위한 중보기도, 남을 위로하며 사랑해 주는 것, 선교의 마음을 품는 것, 열방을 품고 기도하는 것 등이 성령님이 주시는 감동의 음성입니다.

성령님은 이 세상의 복음화와 하나님 나라의 확장을 위해 우리에게 감동을 주심으로 하나님 나라의 일꾼으로서 동참하도록 인도하시는 것입니다.

특별한 목적을 위해 계시되는 성령님의 음성들

또한 이런 기본적인 성령님의 음성 이외에 특별한 목적을 가지고 계시되는 음성들도 있습니다. 환상이나 꿈, 특별한 감동이나 세미한 음성 같은 것입니다.

환상

먼저 성령의 역사로 나타나는 환상에 대해 말씀드리겠습니다. 우리의 혼의 작용으로는 직접 환상을 볼 수가 없습니다. 육신의 눈은 실물만 볼 수 있기 때문입니다. 그러나 특별한 목적을 위해 성령님이 우리의 영안을 열어 환상을 보게 하실 수 있습니다.

"베드로는 배가 고파 무엇이라도 좀 먹었으면 하던 참이었습니다. 사람들이 음식을 준비하고 있던 중에, 베드로는 환상을 보았습니다. 베드로는 하늘이 열리고, 큰 보자기 같은 것이 네 모퉁이가 묶여 땅으

로 내려오는 것을 보았습니다."[56] (행 10:10-11, 쉬운)

이 본문 말씀은 사도 베드로가 보았던 '보자기 환상'입니다. 이 환상을 계시하신 목적은 베드로가 이방인인 고넬료를 만나도록 인도하기 위함이었습니다. 이렇듯 성령님은 어떠한 특별한 하나님의 뜻과 목적을 계시하기 위해 환상을 사용하십니다. 환상도 성령님의 음성중 하나입니다.

그런데 많은 사람들이 환상 보기를 사모하지만 보지 못하는 이유가 무엇일까요?

그 이유는 단지 체험적인 차원으로 환상을 구하기 때문입니다. 목적도 없이 환상 자체만을 구하기 때문입니다. 또는 특별하고 신령한 사람처럼 느끼기 위해 환상을 구하기 때문입니다.

만약 우리가 이런 목적으로 환상을 구한다면 각별히 조심해야 합니다. 왜냐하면 이 틈으로 사탄이 '사탄의 환상'으로 미혹할 수 있기 때문입니다. 하나님도 환상을 통해 우리에게 말씀하실 수 있지만, 사탄 또한 비슷한 방법으로 미혹할 수 있기 때문입니다.

예를 들어 귀신이 죽은 영혼을 가장하여 환상으로, 혹은 꿈으로 사람들에게 나타나는 것입니다. 죽은 아버지의 모습으로, 죽은 조상의 모습으로 가장하여 나타나는 것입니다. 이런 미혹을 통해 제사나 조상을 숭배하게 하여 그 사람의 영혼을 사탄에게 묶는 것입니다. 이러한 방법

---

[56] "그가 시장하여 먹고자 하매 사람들이 준비할 때에 황홀한 중에 하늘이 열리며 한 그릇이 내려오는 것을 보니 큰 보자기 같고 네 귀를 매어 땅에 드리웠더라"(행 10:10-11, 개정)

으로 사탄이 환상을 통해 현혹하고 미혹할 수 있는 것입니다. 그러므로 환상을 보기 원하는 사람[57]은 반드시 영분별의 은사를 구해야 합니다. 그것이 하나님으로부터 온 것인지 사탄으로부터 온 것인지를 분별할 수 있도록 말입니다.

꿈

요셉은 꿈의 사람이었습니다. 꿈을 통해 미래를 알 수 있었으며, 꿈을 해석할 수 있는 예언적인 능력을 가진 사람이었습니다. 느부갓네살 왕의 꿈을 해석해 준 다니엘 또한 꿈을 해석하므로 하나님의 뜻을 왕에게 전할 수 있었습니다. 이렇듯 꿈도 하나님의 음성과 뜻을 들을 수 있는 통로입니다. 그렇다면 성령하나님은 어떠한 원리로 꿈을 통해 우리에게 말씀하실까요?

우리는 잘 때 꿈을 꿉니다. 잠을 잔다는 것은 '혼과 육'이 수면함으로 작동이 정지된 상태를 의미합니다. 혼과 육이 의식의 주도권을 내려놓고 안식하며 쉬는 것입니다. 이때 비로소 영이 작동합니다. 혼과 육이 잠을 잘 때 영이 주도권을 잡고 움직이는 것입니다.[58]

---

57) 하나님은 주권적으로 환상을 보여 줄 수 있지만, 환상을 소망하는 자에게는 환상을 통해 응답하실 수 있습니다. 그러나 반드시 분별이 필요합니다. 환상을 보게 될 때 성령님을 통한 분별이 필요하며 성경 말씀을 통한 분별도 필요합니다.

58) 영은 육체와 달리 먹지도 않고, 자지도 않고, 쉬지도 않습니다. 혼과 육은 재충전을 위해 쉼이 필요하지만 영은 그럴 필요가 없습니다. 그래서 영이신 하나님이 졸지도 주무시지도 않는 것입니다(시 121:4).

영에 속한 사람의 예를 들어 보겠습니다. 이 사람의 영에는 성령님이 계십니다. 우리의 혼과 육은 비록 잠을 자고 있을지라도 우리 안에 계신 성령님은 졸지도 주무시지도 않습니다. 이 성령님이 첫 번째 하시는 일이 바로 우리를 보호하시는 일(보혜사)입니다. 또한 성령님은 특별한 목적을 가지고 꿈을 통해 하나님의 뜻을 계시하시기도 합니다. 혼과 육이 잠들어 있을 때 꿈을 통해 깨어 있는 영에게 하나님의 뜻을 보여 주는 것입니다. 그런데 성령님이 꿈을 통해 하나님의 뜻을 계시할 때에는 꿈에 독특한 특징이 나타납니다.

성령님을 통해 꾸게 되는 꿈은 '미래적'이고, '예언적'이며, '하나님의 계시가 포함된 꿈'을 꾸게 됩니다. 그래서 성령님이 주신 꿈을 꾸게 되면 깨어난 후에 하나님이 말씀하신 듯한 '선명한 느낌'을 가지게 됩니다. 또한 그 꿈의 메시지를 알 수 있습니다.

뿐만 아니라 성령님은 꿈을 통해 우리의 내면을 정화하시는 일도 하십니다.

이렇게 성령하나님이 꿈을 통해 계시하시며, 가르치시며, 깨닫게 하시는 것입니다.

꿈 또한 하나님의 특별한 목적과 계시를 전하기 위해 사용되는 성령님의 음성입니다.

그러나 육체에 속한 자, 세상과 벗하며 사는 자의 꿈은 다릅니다. 이런 사람들이 꾸는 꿈은 어떻습니까? 보통 일상의 삶이 그대로 반영되어 나타납니다. 이들은 세상적인 꿈을 꾸거나, 물질의 소욕에 관련된 꿈을 꾸거나, 음란한 것들과 연관된 꿈을 꿉니다. 때로는 꿈을 꿀 때 가위에 눌린 듯하며, 괴로움에 몸부림치며, 상당 부분 괴로운 꿈을 꾸게 됩니다. 혼과 육이 잠을 잘 때 영이 짓눌린 상태를 꿈으로 나타내는 것입니다. 꿈을 통해 나타나는 '영의 통곡'인 것입니다.

그러므로 육체에 속한 사람들은 꿈을 꾸고 나면 가위에 눌린 듯 풀어지지 않는 의문점으로 가득합니다. 그 사람의 영의 상태가 꿈을 통해 드러나는 것입니다. 이런 꿈 또한 불신자에게 주시는 하나님의 음성이며 경고인 것입니다.

감동

또한 성령님이 우리에게 주시는 음성 중에는 감동이 있습니다. 앞에서 언급한 기본적인 감동(성경을 읽어라, 기도하라 등)이 아닌 특별한 목적을 위해 계시되는 감동입니다. 그러나 이러한 감동에는 오류가 많습니다. 많은 사람들이 성령님이 주시는 감동을 받았다고 합니다. 하지만 그 중 20-30 퍼센트를 제외한 나머지 감동은 하나님으로부터 온 것이 아니라 자신의 혼으로부터 나온 '생각의 감동'입니다. 자기 생각인 것입니다. 그런데 문제는 하나님으로부터 온 감동이라고 할지라도 많은 경우 혼적인 작용 때문에 그 뜻이 왜곡되어지는 경우가 많습니다. 이것이 문제를 야기시킵니다. 우리는 이러한 실례를 사도행전을 통해 찾아 볼 수 있습니다.

사도 바울이 예루살렘으로 가는 도중 '두로'에 들렀을 때의 이야기입니다.

"구브로를 바라보고 이를 왼편에 두고 수리아로 항해하여 두로에서 상륙하니 거기서 배의 짐을 풀려 함이러라 제자들을 찾아 거기서 이레를 머물더니 그 제자들이 성령의 감동으로 바울더러 예루살렘에 들어가지 말라 하더라" (행 21:3-4, 개정) 사도 바울이 두로에서 제자들을 만났을 때 이들은 '성령의 감동'으로 바울더러 예루살렘에 들어가지 말라고 말합니다. 이 말을 들은 후 사도 바울은 두로를 떠나 가이사랴에 도착하게 됩니다.

"여러 날 머물러 있더니 아가보라 하는 한 선지자가 유대로부터 내려와 우리에게 와서 바울의 띠를 가져다가 자기 수족을 잡아매고 말하기를 성령이 말씀하시되 예루살렘에서 유대인들이 이같이 이 띠 임자를 결박하여 이방인의 손에 넘겨주리라 하거늘 우리가 그 말을 듣고 그 곳 사람들과 더불어 바울에게 예루살렘으로 올라가지 말라 권하니 바울이 대답하되 여러분이 어찌하여 울어 내 마음을 상하게 하느냐 나는 주 예수의 이름을 위하여 결박당할 뿐 아니라 예루살렘에서 죽을 것도 각오하였노라 하니 그가 권함을 받지 아니하므로 우리가 주의 뜻대로 이루어지이다 하고 그쳤노라" (행 21:10-14, 개정)

말씀을 보면 아가보라는 한 선지자가 유대로부터 내려옵니다. 그리고 바울에게 이렇게 말합니다.

"성령이 말씀하시되 예루살렘에서 유대인들이 이같이 이 띠 임자를 결박하여 이방인의 손에 넘겨주리라"

이 말을 들은 제자들이 다시 재차 만류하는데, 사도 바울은 오히려 이렇게 말합니다.

"여러분이 어찌하여 울어 내 마음을 상하게 하느냐 나는 주 예수의 이름을 위하여 결박당할 뿐 아니라 예루살렘에서 죽을 것도 각오하였노라" 그런데 문제는 사도 바울의 이런 행동이 마치 '성령의 음성을 거부하는 모습처럼' 비춰진다는 것입니다. 성령의 감동을 받아 전한 음성을 사도 바울이 받아들이지 않기 때문입니다. 그렇다면 사도 바울이 성령의 음성에 불순종하는 것일까요? 아니면 성령의 감동이 잘못된 것일까요? 먼저 아가보 선지자의 예언은 정확했습니다. 예루살렘에서 잡힐 것이라고 예언했는데, 그 예언이 실제로 일어납니다. 아가보는 성령의 음성을 직접 듣는 선지자였습니다. 그런데 나머지 제자들은 성령의 음성을 직접적으로 들은 것이 아니라 감동으로 받았습니다(행 21:4). 사도 바울이 예루살렘에 가면 핍박을 받을 수 있다는 것을 감동으로 받은 것입니다. 이 감동은 옳은 성령의 감동입니다. 그런데 문제는 이들이 성령의 감동을 받고 나서 자기들의 입장에서 '해석'을 덧붙였다는 것입니다. "성령님이 예루살렘에 가면 고난을 받게 된다고 하니까 '가면 안 된다" 이렇게 성령의 감동에 '해석을 더한 것'입니다. 이래서 성령님이 감동으로 말씀하시지만 그 감동에도 오류가 발생하는 것입니다. 감동이 인간적인 방법으로 해석되기 때문입니다. 그러므로 만약 우리가 성령님으로부터 어떤 감동을 받았다면, 말하기 전에 반드시 그 감동이 제대로 된 감동인지 점검하는 절차를 거쳐야 합니다. 말씀을 통해 성경적인 감동인지 점검하는 것입니다. 또는 말씀으로 점검할 수 없는 감동이라면 시간을 두고 감동을 지켜보는 것이 현명합니다. 만약 그것이 성령님이 주신 감동이라면 하나님은 우리에게 소원을 두고 행하시는 분이심으로 시간이 갈수록 더 강해질 것입니다(빌 2:13). 또한 그것이 성령의 감동이라면 우리의 영 가운데 '강한 울림'이 있게 됩니다. 그 음성을 순종하지 않으면 안 될 것 같은 '거룩한 부담감'이 밀려오는 것입니다. 그러나 그것이 내 생각에서, 혹은 사탄이 준 감동이라면 얼마 가지 않아 사그라들게 될 것입니다. 감동은 여전히 오류를 범하기 쉬운 성령님의 음성입니다. 혼적인 실수로 오류가 있을 수 있기 때문입니다. 따라서 이제 감동으로 성령님의 음성을 듣는 수준에 이른 사람이라면 이 단계를 넘어서 하나님의 음성을 직접 들을 수 있는 영적인 수준으로 발돋움해야 합니다.

세미한 음성

우리에게 임하는 '세미한 음성'은 우리 안에 계신 성령하나님의 직접적인 음성을 말합니다.

우리의 영과 혼이 강력하게 연합되어 성령님이 통치자로 일어날 때 성령님의 직접적인 음성을 들을 수 있게 됩니다. 이 세미한 음성은 우리 영 안에 계시는 성령님께서 직접적으로 말씀하시는 것입니다. 비록 세미한 음성이라 부르나 영혼의 심령의 통로가 넓고 크다면 우리 혼은 성령님의 음성을 더 또렷이 들을 수 있습니다. 이 심령을 통해 성령님의 음성을 정확하게 듣는 것입니다.

이것이 '제자들'과 '아가보 선지자'가 들었던 성령님의 음성의 차이입니다. 제자들은 감동을 통해 어떤 느낌을 받았지만, 아가보선지자는 성령님을 통해 예루살렘에서 일어날 구체적인 내용을 직접 들은 것입니다. 성령께서 아가보 선지자를 통해 음성을 전달하게 하므로 사도 바울의 마음을 미리 준비시키신 것입니다.

우리의 영혼육이 성령님의 온전한 통치를 받는 이러한 영적인 수준으로 성장한다면, 우리는 이렇게 성령님의 직접적인 음성을 들을 수 있게 될 것입니다.

3. 그 밖의 하나님의 음성 통로

주변의 그리스도인의 음성

우리가 하나님이 원하지 않는 잘못된 방향으로 갈 때 하나님은 믿는 자들을 통해 하나님의 음성을 전달할 수 있습니다.

"그 행동을 하면 안 돼요. 되돌아서야 합니다. 그것은 바르지 못해요"

다윗이 밧세바와 범죄했을 때도 하나님은 나단 선지자를 보내 하나님의 뜻을 전했습니다(삼하 12:1-14). 이것 또한 하나님의 음성입니다.

그러므로 주변의 그리스도인들도 하나님이 간접적으로 사용하시는 음성의 도구가 됩니다. 우리가 죄와 타락으로 하나님의 직접적인 음성을 들을 수 있는 통로가 막혔을 때 주변의 그리스도인들을 통해 하나님의 음성을 전할 수 있습니다. 이것이 하나님의 간접적인 음성인 것입니다. 만약 누군가 '하나님의 사랑으로' '하나님의 말씀을 전한다면' 하나님의 음성으로 듣고 순종하십시오. 그러나 하나님께서 여러 차례 음성을 전달했으나 순종하지 않는다면 하나님은 그 이후에 어려움이나 고난과 같은 환경의 심판을 통해 하나님의 음성을 듣게 하실 것입니다.

환경을 통해서도 말씀하시는 하나님

하나님께서 환경을 통해서도 말씀하실 수 있다는 것을 우리는 알아야 합니다. 우리가 환경을 통해 하나님의 사인을 구할 때 기드온의 경우처럼[59] 응답하실 수 있습니다. 이 또한 하나님의 음성입니다. 뿐만 아니라 하나님은 환경을 심판의 도구로도 사용하실 수 있습니다. 하나님은 우리에게 직접적인 방법으로 말씀하시길 선호하시지만, 만약 우리가 불순종의 삶을 산다면 하나님은 환경을 통해서도 말씀하실 수 있습니다(창 12:17). 우리가 들을 귀가 없을 때는 환경을 통해서라도 말씀하시는 것입니다.

---

59) "보소서 내가 양털 한 뭉치를 타작마당에 두리니 만일 이슬이 양털에만 있고 주변 땅은 마르면 주께서 이미 말씀하심 같이 내 손으로 이스라엘을 구원하실 줄을 내가 알겠나이다 하였더니 그대로 된지라 이튿날 기드온이 일찍이 일어나서 양털을 가져다가 그 양털에서 이슬을 짜니 물이 그릇에 가득하더라 기드온이 또 하나님께 여쭈되 주여 내게 노하지 마옵소서 내가 이번만 말하리이다 구하옵나니 내게 이번만 양털로 시험하게 하소서 원하건대 양털만 마르고 주변 땅에는 다 이슬이 있게 하옵소서 하였더니 그 밤에 하나님이 그대로 행하시니 곧 양털만 마르고 그 주변 땅에는 다 이슬이 있었더라"(삿 6:37-40, 개정)

세상에는 많은 하나님의 음성들이 있습니다. 단지 우리의 귀가 가려지고 눈이 가려져서 그 음성을 분별하지 못하는 것입니다. 하나님은 사랑하는 자녀들에게 언제 어디서나 말씀하시는 분이십니다. 하나님은 우리를 사랑하심으로 교제하길 원하시며 모든 환경과 만물을 통해서라도 대화하길 원하십니다. 만약 우리의 영과 혼이 영적으로 더 성장한다면 우리는 놀라운 하나님의 음성을 듣고 인도함을 받으며 이 세상을 살아가게 될 것입니다.

4장

하나님의 권능과
은사에 대하여

많은 사역자들이 하나님의 권능을 받기 위해서 몸부림을 칩니다.
40일 금식 기도하며 "하나님! 권능을 주시옵소서! 능력을 주시옵소서! 힘을 주시옵소서!" 부르짖어 기도합니다. 그러나 이렇게 기도하지만 실제 권능을 받는 사람은 흔치 않습니다.

내가 아는 한 목사님도 권능을 받기 위해 40일 동안 금식 기도했지만 권능을 받지 못했습니다. 기도가 끝나면 예수님처럼 권능이 나타날 줄 알았지만 아무런 능력도 나타나지 않은 것입니다.

도대체 무엇이 문제일까요?
우리는 정말 하나님의 권능을 받을 수 있는 것일까요?
이번 장에서는 하나님의 권능에 관한 궁금증에 대해 말씀드리겠습니다.

1. 하나님이 주시는 권능의 본질적인 목적

먼저 우리가 주목할 것은 하나님을 향하여 부르짖으며 기도할 때 하나님은 이러한 기도를 너무나 귀하고 아름답게 보신다는 것입니다. 그 기도의 결과로 권능이 부어지든 부어지지 않든 말입니다. 하나님은 우리의 기도 자체를 기쁘게 흠향하시는 것입니다.

그런데 왜 하나님은 우리의 기도를 들으셨음에도 불구하고 권능을 주지 않으시는 것일까요?

그 이유는 권능을 구하는 목적이 바르지 못하기 때문입니다.

예수님은 사도행전을 통해 '권능이 부어지는 목적'에 대해 분명히 말씀하셨습니다.

> "오직 성령이 너희에게 임하시면 너희가 권능을 받고 예루살렘과 온 유대와 사마리아와 땅 끝까지 이르러 내 증인이 되리라 하시니라"(행 1:8, 개정)

하나님께서 권능을 부어주시는 목적은 '복음 전파'입니다. 복음이 빠르게 전파될 수 있도록 돕는 '촉매제 역할'로서 권능을 부어주시는 것입니다. 이것이 권능 뒤에 숨어 있는 목적입니다. 권능이 '복음 사역에 필요한 도구'로서 주어지는 것입니다. 물론 우리가 40일 금식 기도를 하며 부르짖을 때에 순수한 목적으로 권능을 구할 것입니다. 그러나 하나님은 우리의 중심을 보시는 분이십니다. 그것이 복음 전파를 위한 것인지, 자기 영광을 받기 위한 수단으로 구하는 것인지 이미 다 아시는 것입니다.

오래전 교회를 개척했을 때의 일입니다. 교회를 개척하면 누구나 다 열심히 기도할 것입니다. 나 또한 특별히 교회의 부흥과 성장을 위해 많이 기도했습니다. 그런데 어느 날 기도하고 있는데 하나님께서 "무엇 때문에 교회 부흥과 성장을 구하느냐?"라고 물으셨습니다.

교회를 개척한 나로서는 교회의 성장을 위해 기도하는 것이 너무나 당연한 일이었습니다. 그런데 하나님께 이러한 질문을 받자 '왜 내가 교회의 부흥과 성장을 원하는가'에 대해 곰곰이 생각하기 시작했습니다.

이때 두 가지 이유가 떠올랐습니다.

첫째는 교회가 부흥되면 재정적으로 안정이 되므로 교회 성장을 기도한 것이었습니다. 하나님 나라의 확장이 아니라 교회의 재정적인 안정을 위해 교회 성장을 구한 것이었습니다. 둘째는 가능한 빨리 교회를 성장시켜 "권목사 능력 있다"는 인정을 받고 싶은 욕심 때문에 교회의 부흥과 성장을 구한 것이었습니다. 하나님의 나라의 확장이 아니라 내 자신의 욕망을 채우기 위해 기도한 것이었습니다.

이것이 내 안에 숨어 있던 교회 성장의 목적이었습니다. 그래서 이런 뒤틀어진 자기 영광을 받고자 했던 기도에 대해 회개했습니다. 하나님께서는 내 중심에 이런 더러운 욕망이 있다는 것을 깨닫게 하신 것입니다.

우리는 하나님 이름으로, 복음의 이름으로, 하나님의 영광을 위해 구한다고 하지만 자신도 모르는 사이 자기 영광을 위해 권능을 구할 수 있습니다. 전능하신 하나님은 이미 이것을 다 알고 계십니다. 그래서 권능을 주면 그 사람에게 오히려 독이 되고 걸림돌이 될 것을 아시기 때문에 더디 능력을 부어 주시는 경우가 있는 것입니다.

그러나 만약 진정으로 '복음과 하나님의 영광을 위한 사역'을 한다면, 비록 40일 금식 기도를 하지 않더라도 하나님은 사역 가운데 권능을 부어 주셔서 기적과 이적을 보게 하십니다. '복음을 향한 순수한 신앙과 열정'이 하나님의 권능을 일으키는 것입니다.

그러므로 사역자들은 권능보다 '복음과 하나님의 영광을 위한 전도

자의 삶을 사는 것'이 먼저 우선되어야 합니다. 이것은 매우 중요한 것입니다. 왜냐하면 순수한 복음의 열정과 하나님 나라의 확장을 위해 권능을 구할 때 하나님은 이런 사람에게 권능을 부어주시기 때문입니다. 그러나 여기서 우리가 주목해야 할 것이 있습니다. 그것은 하나님의 권능이 우리에게 부어질 때는 권능이 '완전한 능력의 형태'가 아니라 먼저 작은 씨앗[60]의 형태로 심겨진다는 것입니다.

40일 기도가, 소나무 뿌리를 뽑는 것으로 권능을 받는 것이 아니라 '복음을 전하고자 하는 순수한 열정' 그리고 '하나님의 도움을 간절히 구하는 겸손한 자세'가 하나님의 권능의 통로를 열게 하는 것입니다. 이 통로를 통해 하나님은 권능의 씨앗을 우리에게 심는 것입니다! 이것이 권능에 대한 중요한 영적인 원리입니다.

---

[60] 우리는 하나님이 권능을 주실 때 처음부터 강력한 능력을 주실 것이라고 생각합니다. 그러나 그렇지 않습니다. 하나님의 권능을 구하는 자에게는 반드시 씨앗의 형태로 먼저 주십니다. 이 씨앗이 싹이 나고 자라 열매를 맺게 될 때 그것이 바로 권능으로 나타나게 됩니다. 이것에 대해서는 뒷부분의 '권능과 은사와의 관계'에서 더 자세히 다룰 것입니다.

2. 성경을 통해 보는 권능의 모습과 특징

성경에는 여러 가지의 권능의 모습들이 기록되어 있습니다. 놀라운 권능과 이적들이 기록되어 있기 때문에 보통의 사람들은 이러한 권능과 이적은 특별한 성경의 인물들에게만 주어진 것이라고 생각합니다. 아마 이러한 생각을 가지고 있다면 이런 사람에게는 하나님이 권능이 임하기 어려울 것입니다. 왜냐하면 이미 이런 생각으로 자신에게 임할 수 있는 하나님의 신적인 능력을 제한하기 때문입니다. 그러나 이러한 권능을 사모한다고 해도, 자신의 삶에서 이것을 체험하는 것은 쉽지 않습니다. 왜 그럴까요?

그것은 하나님의 권능이 어떻게 임하게 되는지 영적인 원리를 잘 모르기 때문입니다. 그러므로 여기서는 성경을 통해 어떠한 영적인 원리로 권능이 나타나게 되었는지 살펴보고자 합니다.

성경의 권능에 대한 올바른 이해 : '협의의 권능과 광의의 권능'

성경에는 많은 권능들이 기록되어 있습니다. 그러나 우리가 기억해야 할 것은 성경의 권능은 표적이나 이적이나 기적만을 가리키는 것이 아니라는 것입니다. '능력을 행하는 협의의 권능'이 있는 반면 이보다 더 큰 의미를 가진 '광의의 권능'도 있기 때문입니다.

일반적으로 우리는 죽은 자를 살리며, 앉은뱅이를 일으키며, 소경이 눈을 뜨며, 말 못하는 자가 말을 하게 되는 기적적인 표적을 권능이라고 말합니다. 맞습니다. 사도 바울도, 베드로도 이러한 권능을 행했습니다. 그러나 이런 경우의 권능은 '협의의 권능'입니다.

하나님께서는 사도 바울에게 이방인을 전도하기 위한 목적으로 권능을 주셨습니다. 베드로에게는 초대교회를 견고히 성장시킬 수 있도록 권능을 선물로 주셨습니다. 또 손쉽게 복음이 전파되는 것을 돕기 위해 많은 사람들에게 권능이 주어졌습니다. 이 모든 것이 권능입니다. 그러나 이것은 성경적인 관점에서 '능력을 행하는 협의의 권능'입니다. 오히려 성경은 이러한 협의적 권능보다 더 많이 '광의적 권능'에 대해 기록을 하고 있습니다. 그러나 많은 사람들이 이 광의의 권능에 대해 잘 알지도 생각하지도 않습니다. 그래서 이미 자신에게 권능이 임했는데도 불구하고 권능을 협의적 관점만으로 생각하고 있어 자신에게 권능이 임했는지도 모르는 사람들이 많다는 것입니다.

성경에서 말하는 광의의 권능은 '하나님과 합하여 하나님의 뜻을 이 땅 가운데 이루고자 할 때 나타나는 모든 행동들'이 광의에 속한 하나님의 권능이라는 것입니다.

예를 들어 중보자가 하나님의 마음을 품고 이스라엘과 중국을 위해 기도합니다. 보통의 그리스도인들은 하루 이틀, 1주일 정도 이 지역을 위해 기도할 수 있습니다. 그러나 오랜 기간 5년, 10년, 혹은 20년, 특정한 지역을 두고 기도한다는 것은 인간적인 생각으로는 어려운 일입니다.

얼마 전 전혀 몰랐던 연로한 권사님과 함께 기도할 기회가 있었습니다. 기도하는 중에 하나님께서 '이스라엘을 위해 기도하라'는 마음을 전하라고 하셔서 그 권사님과 함께 나누었습니다. 그러자 권사님은 20년이 넘도록 전 세계를 위해 기도했다고 했습니다. 집에 세계지도를 붙여놓고, 매일 전 세계의 수많은 나라들을 위해 중보기도를 했다고 했습니다. 다리를 다쳐 무릎 꿇는 것이 여의치 않았던 그때에도 여전히 하나님 앞에 무릎 꿇고 기도했다고 합니다. 그러나 20년 동안 전 세계를 위해 기도했지만 한 번도 이스라엘 위해 기도한 적은 없었다고 했습니다. 그런데 그 날 새벽에 기도하는데 하나님께서 '이제부터는 이스라엘을 위해 기도하라'는 마음을 강하게 주셨다고 했습니다. 권사님은 이것이 자기 생각인 줄 알았으나 우리와 함께 기도하면서 "이스라엘을 위해 기도하라"는 말을 듣고 그것이 하나님이 주신 음성임을 깨달았다고 했습니다.

우리는 하루 이틀 누군가를 위해, 어떤 나라를 위해 중보기도 할 수 있습니다. 그러나 5년, 10년, 20년을 기도한다는 것은 불가능합니다. 이러한 중보기도는 성령님이 특별하게 인도하시기 때문에 가능한 것입니다. 이것이 바로 하나님이 부어주시는 '중보기도의 권능'입니다. 성령님이 '기도에 권능을 부어주셨기 때문에' 수십 년을 중보기도 할 수 있는 것입니다. 이 권능이 바로 성경이 말하는 광의의 권능입니다. 비록 소경이 눈을 뜨고, 앉은뱅이가 일어나는 권능은 없을지라도 기도자 가운데 성령님이 권능으로 임재하시는 것입니다. 그래서 이러한 기도에는 능력이 있습니다. 비록 기도자의 눈에는 아무런 표적과 기적이 나타나지 않는 것처럼 보일지라도 이런 자들이 기도할 때 무너진 데가 수복되는 일이 일어나며, 복음의 길들이 열리며, 하나님 나라가 확장되는 것입니다. 지금 중국에서 놀라운 부흥의 불꽃이 일어나고 이스라엘에 복음의 문이 열리는 것도 중보기도자들이 기도의 권능으로 중보했기 때문입니다. 이것이 광의의 기도의 권능입니다.

또한 선교하는 사람을 보십시오.

만약 선교사가 인간적인 마음을 품고 선교지에 갔다면 그 땅은 변화되지 않을 것입니다. 그러나 선교사가 죽은 자를 살리고 귀신을 쫓아내는 능력은 없을 지라도 '하나님의 마음과 사랑을 가지고' 그 곳을 섬긴다면 그 지역에는 반드시 변화가 일어납니다. 복음이 들어가 삶이 변화되며 강퍅해진 마음이 녹아지기 때문입니다. 눈에 보이는 것은 선교사의 헌신과 수고이나 하나님의 능력이 그 곳을 거룩한 땅으로 변화시키는 것입니다. 이것이 또한 '광의의 권능'인 것입니다.[61] 비록 눈에 보이는 표적과 이적이 없을지라도 이 또한 하나님이 주신 광의의 권능인 것입니다.

또한 구제를 하며 긍휼을 베푸는 사람들은 어떻습니까?
이들에게 눈에 보이는 표적이나 기적이 없을 수 있습니다. 그러나 이들이 하나님의 사랑과 마음으로 사람들을 섬길 때 변화가 일어납니다. 권능의 목적은 복음이 쉽게 전달되도록 돕는 것입니다. 그것이 때로는 표적과 이적과 같은 권능으로 나타날 수 있습니다. 그러나 이런 권능의 표적이 없더라도 섬김을 통해 사람들이 변화되었다면 이 또한 동일한

---

61) 권능의 목적은 효과적으로 복음을 전하는 것입니다. 예수님을 믿게 하는 것입니다. 그러나 이러한 소경이 눈을 뜨는 권능이 없을지라도 선교사의 헌신과 수고로 동일하게 믿는 자들이 생겼다면, 이 또한 권능입니다. 선교사의 헌신과 수고가 권능이 행해졌을 때와 같은, 똑같은 결과를 만들었기 때문입니다. 그래서 하나님은 능력을 행하는 권능뿐 아니라 선교사의 헌신과 수고 또한 권능으로 인정하십니다. 이 또한 광의의 권능에 속한 것입니다.

하나님의 권능이 되는 것입니다. 광의의 권능인 것입니다.

우리는 보이는 표적과 기적과 이적을 권능으로 생각하지만 그렇지 않습니다. 특수한 목적과 사명에 따라 하나님이 권능을 주실 수 있습니다. 이적과 표적이 필요한 공간에서 하나님은 병을 치료할 수도 있고, 기적을 행할 수도 있습니다. 이것은 협의의 권능입니다. 그러나 복음을 전파하기 위해 이것만이 필요한 것이 아닙니다. 골방에서 기도하는 중보자의 권능이 필요한 것이며, 선교사의 권능도 필요하며 섬김의 권능도 필요한 것입니다. 이렇듯 협의의 권능으로 뿐만 아니라 광의의 권능으로 복음이 전파되고 있기에 하나님 나라가 확장되고 있는 것입니다.

우리는 '복음을 위해 행해지는 모든 행동들이 권능'이라는 것을 기억해야 합니다.

우리는 권능을 달라고 40일간 금식하고 부르짖습니다. 그러나 실상은 이러한 사람들 중에 이미 금식하기 전부터 권능이 임한 분들이 많습니다. 이들이 권능을 구하기 위해 자꾸 매달리는 이유는 죽은 자를 살리고, 병을 치유하고, 귀신을 쫓아내는 능력만이 권능이라고 생각하기 때문입니다.[62] 하지만 하나님의 마음을 품고, 복음을 전하는 증인된 삶을 살고 있는 사람들은 이미 '하나님이 인정하시는 권능자'입니다. 그리고 이렇게 살아갈 때 굳이 '소나무를 뽑는 기도를 하지 않아도' '필요에 따라' 하나님은 권능을 부어 주십니다. 그 권능이 때로는 전도 대상자에게 눈물의 회개로 나타날 수 있는 것이며, 섬김으로 나타날 수 있는 것이며, 병이 치유됨으로 나타날 수 있는 것이며, 자연을 명하여 하나님의 심판을 선포할 수도 있는 것입니다.

우리가 증인된 복음 전도자의 삶을 산다면 이미 성령이 임한 것이며 성령 안에 있는 권능도 함께 임한 것입니다. 그리고 하나님의 복음을 전할 때 상황에 맞게 그 권능이 우리를 통해 나타나게 되는 것입니다.

---

62) 솔직히 이런 권능을 구하는 사람들 중에는 권능을 통해 유명해지고 자기를 드러내기 위한 목적으로 구하는 사람들이 많습니다.

3. 권능과 은사와의 관계 :
"은사를 통해 열리게 되는 권능"

우리가 알아야 할 권능에 대한 영적 원리는 '권능은 은사를 통해 열리게 된다'는 것입니다.

성경에 보면 여러 가지 은사들이 있습니다. 특별히 고린도전서 12장 7절에서 10절까지는 초자연적인 은사들이 기록되어 있습니다. 그런데 많은 신자들은 이러한 은사에 대해 오해가 있습니다. 그것은 이 은사들이 임하면 그 순간부터 놀라운 능력이 나타날 것이라고 생각하는 것입니다.

예를 들어 병고치는 은사가 임하는 그 순간 손을 얹어 기도하면 병든 자가 즉시 일어날 것이라고 생각합니다. 그러나 이것은 은사에 대한 잘못된 오해입니다. 은사가 임한다 할지라도 능력이 처음부터 표면적으로 나타나지는 않습니다. 오히려 은사는 처음에는 보잘 것 없는 작은 '씨앗'의 형태로 심겨집니다.

병고치는 은사로 예를 들어 보겠습니다.

성경 말씀에 '신령한 것을 사모하라(고전 14:1)'고 했습니다. 또한 '구하라(마 7:7)'라고 했습니다. 그러면 하나님이 우리에게 좋은 것으로 주신다고 했습니다(마 7:11). 이 좋은 것에는 성령과 권능과 은사가 다 포함되어 있습니다.

만약 어떤 사람이 '효과적인 복음 전파를 위해' 병고치는 은사를 구한다면 하나님은 그 사람에게 은사를 주십니다. 그러나 여기서 주목할 것은 하나님이 은사를 주실 때는 처음부터 권능의 형태로 주시는 것이 아니라 '작은 씨앗'의 형태로 심어 주신다는 겁니다. 그래서 병고치는 은사를 받고 기도할지라도 처음에는 낫는 사람보다 낫지 않는 사람들이 더 많다는 것입니다! 이것은 중요한 은사에 대한 영적 원리입니다. 병고치는 은사가 씨앗의 형태로 주어졌기 때문에 처음에는 그 능력이 약한 것입니다!

그런데 문제는 병고치는 은사가 임했다는 확신을 가지고 기도하는데 병자가 치유되지 않는다면 충격을 받습니다. 확신이 흔들리게 됩니다. 몇 번 더 실패한다면 병자를 위해 기도하는 것 자체가 두려워지며 회피하게 됩니다. 하지만 사실 이때가 가장 중요한 시점입니다.

우리는 은사가 처음부터 권능으로 임하는 것이 아니라 씨앗의 형태로 임한다는 것을 알아야 합니다. 씨앗의 형태로 임하기 때문에 은사의 능력이 약합니다. 그러나 은사가 임했을 때 감사함으로 받고, 훈련하며, 믿음으로 선포하며 나갈 때 은사가 성장하며 활성화되어 결국 권능의 모습으로 나타나게 됩니다. 기적과 표적과 이적의 모습으로 나타나게 되는 것입니다.

다시 한 번 기억하십시오. 구하는 자에게 하나님이 은사를 주십니다. 그러나 은사는 씨앗의 형태로 주십니다. 그래서 아픈 자를 위해 기도할 때 치유가 일어나지 않는 경우가 더 많습니다. 이때 마음이 상심되고 좌절될 수 있습니다. 그러나 병고침의 증거가 나타나지 않을지라도 성령님이 환자를 위해 강권적으로 기도하라는 마음을 주셨을 때는 반드시 그 음성에 순종하여 기도하십시오. 환자가 낫고 안낫고가 중요한 것이 아닙니다. 하나님이 원하시는 것은 우리의 '믿음의 순종'입니다. 이런 훈련 과정을 거쳐 신유(병고침)의 씨앗이 싹이 나며 자라게 됩니다. 우리가 이렇게 '믿음의 순종으로 나간다면' 성령님은 계속해서 환자들을 우리에게 붙여 주실 것입니다. 그러나 이 단계에서도 치유가 될 수도 있고 되지 않을 수도 있다는 것을 기억하십시오. 만약 이 단계에서 우리가 실족하지 않고, 신유의 은사를 여전히 감사함으로 받고 계속해서 훈련하며 성장시켜 나간다면 어느 순간 하나님은 강하게 그 사람에게 기름을 부으십니다. 신유사역자로 세우는 것입니다. 신유의 권능자가 되는 것입니다.

하나님이 이렇게 실패와 좌절을 주시면서 훈련을 시키는 이유가 있습니다.

그 이유는 '실패의 순간에도 여전히 하나님만을 신뢰하고 의지하는가'를 보시기 위함입니다! 그리고 더 중요한 이유는 신유의 능력이 '내 능력이 아니라 하나님으로부터 온다는 것'을 깨닫게 하기 위함입니다!

그래서 우리가 하나님 앞에서 교만하지 않고 겸손히 감사함으로 은사의 씨앗을 받아 성장시켜 나간다면 반드시 은사가 열매 맺는 단계까지 이르게 됩니다. 이 단계에 이른 사람이 손을 얹고 기도할 때 그를 통해 하나님의 권능이 나타나는 것입니다. 앉은뱅이가 일어나고, 소경이 눈을 뜨고, 병이 치유되는 역사들이 일어나는 것입니다. 또 기도할 때 예언이 일어나고, 영분별이 일어나고, 지식의 은사, 지혜의 은사들이 일어나는 것입니다.

씨앗으로 주어졌던 은사가 자라 권능이 열매로 나타나는 것입니다! 이렇게 은사와 권능은 밀접한 관계가 있습니다. 그러므로 우리의 할 일은 '믿음과 훈련으로' 은사를 성장시켜 나가는 것입니다. 이 단계를 거친 후에야 하나님이 그 은사에 기름을 부으시고 은사가 권능으로 나타나게 하시는 것입니다.

또한 '광의적 권능'은 '광의적 은사'와도 접목됩니다.

성경에는 여러 가지 은사들이 있습니다. 고린도전서 12장에 기록된 초자연적인 은사 이외에도 여러 가지 은사들이 있습니다.[63] 이런 은사들에게서도 똑같은 방법으로 권능이 나타납니다.

방언의 예를 들겠습니다.

우리가 기도에 헌신할 때 하나님은 기도를 돕기 위해 방언을 선물로 주십니다.

우리가 처음 방언을 받았을 때는 대부분 '랄랄랄라'하는 단음절의 소리로 방언을 시작합니다. 우리가 처음 방언을 받았을 때는 그 방언의 능력은 자기의 영혼을 보호하는 단계로서 자신에게만 유익을 끼치는 단계에 머뭅니다. 만약 이 상태로 계속 머물면 방언은 성장하지 않습니다. 어느 순간 소멸될 수 있습니다. 그러나 내가 방언의 뜻을 알지 못할지라도 매일 매일 방언으로 기도한다면, 방언은 성장하기 시작합니다. 내가 입술을 열어 내 영이 방언을 통해 기도하도록 통로를 열어준다면, 방언이 성장하는 것입니다. 이것이 지속될 때 우리의 방언은 이제 영적 전쟁을 수행할 수 있는 전투 방언으로 성장합니다. 새노래 방언도 주어집니다.

처음 방언은 나의 영혼을 보호하는 단계의 방언이었지만, 우리의 수

---

[63] 고린도 전서 12:7-10 - 지혜, 지식, 믿음, 병고치는 일, 능력을 행함, 예언, 영들을 분별함, 방언, 방언 통역함. 에베소서 4:11 - 사도, 선지자, 복음전하는 자, 목사, 교사. 로마서 12:6-8 - 예언을 함, 섬기는 일, 가르치는 일, 권면하는 일, 구제하는 일, 지도하는 일, 자비를 베품. 고린도전서 12:27-28 - 사도, 선지자, 교사, 능력행함, 병고치는 일, 돕는 일, 다스리는 일, 방언

고와 훈련으로 방언을 성장시킴으로 이제 방언은 사탄의 세력을 대적하고, 악한 견고한 진을 파쇄하며, 무너진 데를 수복케하는 영적 전쟁의 무기가 됩니다. 씨앗이 성장하는 것입니다.

그리고 이 방언이 영적으로 더 깊어지고 하나님의 권능이 입혀질 때 예언과 통변이 흘러나오게 됩니다. 은사가 자라 권능으로 나타나는 것입니다.

가르치는 사역도 이와 마찬가지입니다. 복음을 위해 헌신하고 수고할 때 가르치는 것이 지혜와 지식의 은사와 연합하여 또한 권능으로 나타나게 되는 것입니다.

이렇듯 권능은 순간적으로 임하는 능력이 아니라, 심겨진 씨앗이 우리의 헌신과 수고를 통해 자라나 권능으로 열매 맺는 것입니다. 그러므로 은사를 훈련하고 성장시키는 수고가 있어야 합니다. 이것이 우리가 해야 할 '믿음의 순종 훈련'입니다. 이 과정을 통과한 사람들에게 하나님은 권능을 부어 주셔서 그 분의 능력으로 일하게 하시는 것입니다.

그러나 이런 일련의 과정이 없이 '일시적으로 강하게 나타나는 권능'도 있습니다.

보통의 경우, 권능은 은사와 밀접한 관계로서 상호보완하며 성장해 나갑니다. 그러나 어떤 경우에는 은사자가 아닐지라도 권능이 나타날 수 있습니다.

예를 들어 보겠습니다. 아프리카에 아픈 환자가 있습니다. 그런데 주위에 권능을 가진 사람이나 은사자가 아무도 없습니다. 단지 예수님을 믿은 지 얼마 되지 않은 어린 아이 그리스도인만 있습니다. 이때 이 아이가 기도할 때 병이 치유되는 역사가 나타날 수 있습니다. 때로는 하나님께서는 은사와 권능이 없는 어린 아이를 통해서도 필요에 따라 병을 치유하는 경우도 있는 것입니다. 이러한 경우는 은사와 권능이 함께 가지 않는 예외적인 경우입니다. 하나님이 특별한 목적을 위해 행하시는 권능입니다.

이런 예외적인 경우를 제외하고는 은사를 받은 자들은 계속 성장할 수 있도록 훈련하며 성숙해 나가는 단계를 거쳐야 합니다. 이렇게 할 때 하나님이 그 은사에 기름을 부어 사역자로, 권능을 행할 수 있는 사람으로 세우시는 것입니다.

4. 영과 권능과의 관계

이미 앞에서 우리는 영 안에 '하나님의 인성과 신성'이 내재되어 있다는 것을 살펴보았습니다. 이 영 안의 하나님의 신성과 인성은 영과 혼이 연합되고 하나 될 때 심령을 통해 혼에 영향을 미칩니다. 그래서 하나님의 '인성(성품)'이 혼을 통해 흘러나올 때 그것이 '성령의 열매(성품)'로 맺히게 됩니다. 하나님의 인성(성품)인 사랑, 희락, 화평, 오래 참음, 자비, 양선, 충성, 온유, 절제가 심령을 통해 흘러나와 혼에 영향을 주는 것입니다. 영혼의 하나 됨이 강할수록 이러한 기름부음은 더 강합니다.

또한 우리의 영과 혼이 강력하게 하나 되어 성령님의 통치를 받을 때 인성뿐만 아니라 신성도 활성화됩니다. 신성은 '영적인 권위이며 신적인 능력(권능)'입니다. 이것은 태초에 하나님이 부어주신 '자녀의 특권[64]입니다. 우리가 하나님과 교제하며, 아버지와 아들의 관계로 성장해 나갈 때 온전한 자녀의 특권이 회복됩니다. 이때 이 신성 안에 있는 권능이 성령의 기름부으심으로 인해 혼과 육신을 통해 쏟아져 나오는 것입니다. 때로는 이 권능이 자연을 명하는 명령권이 될 수도 있으며, 표적과 이적과 기적을 나타내는 것일 수도 있습니다. 다윗과 같이 많은 이들을 다스렸던 다스림의 권세로 나타날 수 있으며, 삼손과 같이 놀라운 힘의 권세로도 나타날 수 있는 것입니다.

그러나 유의해야 할 것은 권능은 우리의 노력이나 우리의 마음대로 사용할 수 있는 것이 아닙니다. 우리가 하나님께 주파수를 맞추고 복음을 위해, 하나님의 나라의 확장을 위해 수고해 나갈 때 하나님 뜻에 의해 부어지는 것입니다. 권능의 시행자는 내가 아니라 하나님이라는 것입니다.

그래서 만약 권능을 복음을 전하는 수단으로 사용하지 않고 개인적인 유익과 육체의 소욕을 위해 사용한다면 권능은 소멸됩니다.[65]

결론적으로 권능은 우리가 의도적으로 노력한다고 얻을 수 있는 것이 아니며 하나님 앞에서 거룩하며 순결할 때 성령의 충만함을 입은 후 행해질 수 있는 하나님의 선물입니다.

---

64) 하나님은 첫 사람 아담에게 '온전한 자녀로서의 특권'을 부어 주셨습니다. 하나님은 아담을 하나님의 형상(인성)에 따라 지었을 뿐 아니라 신성(다스림의 통치권)도 부어 주셨습니다.
65) 그러나 권능이 계속되는 경우도 있습니다. 하나님이 아닌 사탄이 '혼'의 통로를 통해 능력을 부어 주어 사탄의 종으로서 권능을 행하게 하는 것입니다.

Part 3

사람의 영적 세계
'성장하는 그리스도인을 위한 지침'

1 장

성장하는 그리스도인이 가져야 할 것
'하나님을 향한 선한 두려움'

"그것들에게 절하지 말며 그것들을 섬기지 말라 네 하나님 여호와는 질투하는 하나님인즉 나를 미워하는 자의 죄를 갚되 아버지로부터 아들에게로 삼사 대까지 이르게 하거니와 나를 사랑하고 내 계명을 지키는 자에게는 천 대까지 은혜를 베푸느니라" (출 20:5-6, 개정)

사랑의 하나님, 두려운 하나님

하나님 안에서 온전히 성장해 나가려면 신앙인으로서 가져야 할 태도가 있습니다. 그것은 하나님을 향한 '선한 두려움'입니다. '사랑의 하나님'과 '두려운 하나님'에 대해 신앙적인 균형을 잡는 것입니다. 많은 사람들이 하나님을 '사랑의 하나님'으로만 치우쳐 생각하는 경향이 있습니다. 그러나 하나님은 사랑의 하나님일 뿐만 아니라 심판하시는 두려운 하나님이시기도 합니다. 사랑과 함께 공의를 행하시는 분인 것입니다.

하나님은 이러한 자신의 속성을 성경을 통해 계시해 주십니다. 구약 성경의 여러 부분에서 이러한 하나님의 모습을 발견할 수 있습니다.

출애굽기를 보면 하나님이 '질투하시는 하나님'으로 묘사됩니다.[66] 왜 하나님이 질투하는 하나님으로 묘사되었을까요? 이것은 하나님의 사랑에 대한 다른 묘사입니다.

하나님은 우리를 사랑하시며 또한 우리가 하나님만을 사랑하기를 기대하십니다. 우리를 너무나 사랑하시므로 하나님이 아닌 다른 우상을 숭배할 때 질투하시는 것입니다. 사랑의 하나님의 모습입니다.

그러나 또한 이스라엘 민족이 우상 숭배를 통해 하나님을 떠났을 때는 심판을 통해 고난과 고통을 허락하십니다. 죄에 대하여 심판하는 것입니다. 두려운 하나님이신 것입니다.

이것이 구약 성경에 나타나는 사랑의 하나님, 두려움의 하나님(공의의 하나님)의 양면의 모습입니다.

그러나 신약 시대에는 하나님의 모습에 변화가 생깁니다. 구약 시대처럼 사랑과 심판, 불기둥과 구름기둥의 직접적인 인도하심이 아니라 '예수님의 대속 사역'으로 '성령이 이끄시는 은혜의 시대'로 접어든 것입니다. 이제는 구약 시대처럼 진노하시며 심판하시는 것이 아니라 성령님이 우리 안에 임재하심으로 '일상에서 만지시는 하나님'으로 더 친밀히

---

[66] "그것들에게 절하지 말며 그것들을 섬기지 말라 나 네 하나님 여호와는 질투하는 하나님인즉 나를 미워하는 자의 죄를 갚되 아버지로부터 아들에게로 삼사 대까지 이르게 하거니와 나를 사랑하고 내 계명을 지키는 자에게는 천 대까지 은혜를 베푸느니라"(출 20:5-6, 개정)

다가오신 것입니다.

그렇기 때문에 신약 시대에는 '사랑의 하나님'의 속성이 더 극대화되었습니다. 우리 안에 성령님이 인격의 하나님, 보호자로 임하셨으므로 구약 시대와 같은 진노의 매를 대지 않는 것입니다. 혹여 사랑의 매를 대신다 할지라도 더디 매를 대는 것입니다. 인내하는 하나님으로, 기다리는 하나님으로, 사랑의 하나님으로 우리 안에 임재하셨기 때문입니다. 그래서 신약 시대에는 구약 시대의 진노의 하나님의 모습이 잘 보이지 않습니다.

그래서 어떤 사람들은 구약 시대처럼 두려운 하나님의 모습을 현실에서 잘 볼 수 없으므로 하나님을 망령되이 여기며 무시하곤 합니다. 무능한 하나님, 죄악이 있어도 심판하지 않는 하나님으로 오해합니다. 하나님에 대한 경외감과 선한 두려움이 상실된 것입니다. 그러나 하나님의 속성 가운데는 '사랑의 하나님'의 모습도 있지만, '두려운 진노의 하나님'(공의의 하나님)의 속성도 여전히 존재하고 있다는 것을 명심해야 합니다. 이러한 하나님의 속성을 모르고 자기 식의 신앙생활을 하다가 어느 순간 하나님의 진노를 받을 수 있다는 것입니다.

그러므로 사랑의 하나님에 대한 관점도 가져야 하지만 또한 진노의 하나님에 대한 '선한 두려움'도 지녀야 하는 것입니다. 이것은 하나님을 경외함으로 가지는 선한 두려움인 것입니다. 우리가 하나님 앞에서 이런 선한 두려움을 가지게 될 때 죄악 앞에서 하나님을 떠올리게 됨으로 유혹에 넘어지지 않게 되는 것입니다.

우리는 이렇게 죄와 유혹에 넘어가지 않도록 늘 마음 가운데 사랑의 하나님, 두려움의 하나님(공의의 하나님)을 각인시켜야 하는 것입니다. 이렇게 할 때 우리는 하나님 앞에서 균형 잡힌 온전한 신앙이 되는 것입니다.

악한 영이 주는 두려움과 하나님을 향한 선한 두려움

우리가 하나님을 '사랑의 하나님'과 '두려움의 하나님'으로 인식할 때 균형적인 온전한 신앙을 이루어갈 수 있습니다. 그러나 신앙생활을 하다가 때로는 사탄이 주는 두려움에 직면할 때가 있습니다. 그렇기 때문에 우리는 사탄이 주는 두려움과 하나님을 향한 선한 두려움에 대한 차이를 명확히 구별할 수 있어야 합니다.

과연 사탄이 주는 두려움은 어떤 것일까요?

우리는 사탄이 악한 기질을 가지고 있다는 것을 압니다. 이 악한 기질로 사람에게 두려움을 줍니다. 때로는 완악함과 완고함으로 사람을 강퍅하게 할 수 있으며, 때로는 어둠의 세력이 직접 두려운 마음을 줌으로써 그 사람을 사로잡을 수도 있습니다. 사탄이 주는 두려움은 하나님의 선한 두려움과는 본질적으로 차이가 있다는 것을 알아야 합니다.

'부담감'을 예로 들어 설명하겠습니다.

하나님이 주신 거룩한 부담감과 어둠의 세력이 주는 부담감에는 차이가 있습니다.

사탄의 세력이 주는 부담감은 고민과 고통을 동반하며 결국 절망으로 이끌고 갑니다. 그러나 하나님이 주시는 거룩한 부담감은 그 일을 순종하지 않으면 안 될 것 같은 부담감을 주시지만 그 일을 행했을 때는 기쁨이 동반됩니다. 환희와 행복이 동반되는 것입니다.

이와 마찬가지로 하나님이 주신 선한 두려움은 죄악을 멀리하게 하며, 정결하게 하며, 깨끗한 신부로 살아갈 수 있도록 자기 자신을 회복시키는 통로가 됩니다. 그러나 사탄이 넣어 주는 두려움은 우리가 이 땅 가운데 하나님의 자녀로서 사는 것을 방해하는 것입니다.

함께 대적사역했던 한 분이 늘 이런 생각에 시달렸습니다.

"나 같은 사람도 하나님이 사랑하실까? 다른 사람은 다 사랑해도 나는 결코 사랑하지 않으실거야"라며 하나님께 버림받았다는 두려움에 쌓여 있었습니다. 그러나 이런 두려움은 하나님이 주신 것이 아닙니다! 사탄이 하나님과의 관계를 단절시키기 위해 넣어준 두려움입니다! 그래서 이런 두려움 때문에 문제가 생겨도 하나님 앞에 나오지 못하는 것입니다. 하나님이 자신을 버렸다고 생각하기 때문입니다. 이것이 사탄이 노리는 것입니다. 사탄이 주는 두려움은 사람을 낙심시키고, 좌절시키고, 어느 때는 자살의 길로 이끌어 갈 수도 있습니다.

사탄이 집요하게 공격해서 결국 죽음 이외에는 해결책이 없도록 믿게 만들기 때문입니다.

그러나 하나님은 사랑의 하나님이십니다. 만약 우리를 향한 사랑이 없었다면 하나님은 결코 예수님을 십자가에 내놓는 일은 절대 하지 않으셨을 것입니다. 우리를 사랑하시기 때문에 예수님을 기꺼이 십자가에 내놓으신 것입니다!

> "우리가 아직 죄인 되었을 때에 그리스도께서 우리를 위하여 죽으심으로 하나님께서 우리에 대한 자기의 사랑을 확증하셨느니라" (롬 5:8, 개정)

하나님은 우리를 사랑하시기에 죄로부터 우리를 구원하기 위해 독생자 예수님을 기꺼이 십자가의 제물로 내놓으신 것입니다. 이것이 우리를 향한 하나님의 사랑입니다.[67] 그러나 우리를 향한 하나님의 사랑이 너무 크심으로 만약 우리가 죄악에 빠지고 우상 숭배에 빠질 때는 그 사랑 때문에 질투하시며 진노하실 수도 있다는 것을 기억해야 합니다! 하

---

67) "누가 우리를 그리스도의 사랑에서 끊을 수 있겠습니까? 환난입니까? 아니면 어려움입니까? 핍박입니까? 그렇지 않으면 굶주림입니까? 헐벗음입니까? 위험입니까? 아니면 칼입니까? 성경에 기록된 것처럼, "우리는 하루 종일 주님을 위해 죽음에 직면하고 있습니다. 우리는 도살당할 양과 같은 대접을 받았습니다." 그러나 우리는 우리를 사랑하신 하나님을 힘입어 이 모든 것을 이기고도 남습니다. 나는 확신합니다. 죽음이나 생명이나, 천사들이나 하늘의 권세자들이나, 현재 일이나 장래 일이나, 어떤 힘이나, 가장 높은 것이나 깊은 것이나, 그 밖의 어떤 피조물이라도 우리를 우리 주 그리스도 예수 안에 있는 하나님의 사랑에서 끊을 수 없습니다."(롬 8:35-39, 쉬운)

나님이 나를 사랑하시되 죄와 우상숭배에 대해서는 진노하신다는 '선한 두려움'을 가지십시오. 이러한 하나님의 속성을 이해하고 신앙생활을 해 나갈 때 균형 잡힌 신앙으로 성장하는 것입니다.

2장
성장하는 그리스도인이 가져야 할 '고난'에 대한 이해

우리는 살아가면서 여러 가지 형태의 고난을 만나게 됩니다. 때로는 질병으로 고통당하기도 하며 환경적인 어려움이나 재정적인 문제로 인해 고난을 경험하기도 합니다.

많은 그리스도인들이 고난을 겪고 있지만 자신에게 이러한 고난이 왜 일어나는지 잘 알지 못합니다. 단지 기도할 뿐입니다. 그런데 만약 문제를 두고 기도하여 응답받게 된다면 괜찮겠지만 응답받지 못한다면 고난으로 인한 어려움뿐만 아니라 신앙적인 갈등이 생기기도 합니다. 하나님의 존재 여부에 대한 의문을 품기도 하고, 하나님의 능력을 의심하거나 더 나아가 하나님을 원망하는 마음까지도 생기게 됩니다. 이렇듯 고난이 신앙 성장의 장벽이 되는 것입니다.

하나님은 우리를 사랑하시며 친히 인도하신다고 하는데 왜 우리 삶에서 이러한 고난이 생기는 것일까요?

1. 고난의 세 가지 형태

먼저 고난은 세 가지 중 하나의 형태로 우리에게 다가온다는 것을 이해해야 합니다.

'하나님에 의해 허락된 고난'이든지 '사탄으로 인해 기인된 고난'이든지 '자신의 문제로 겪게 되는 고난'이라는 것입니다.

이러한 고난의 형태를 이해하지 못한다면 고난의 원인을 하나님께 돌리거나, 하나님께 원망을 한다거나, 또는 하나님의 존재를 의심하게 될 수 있습니다.

과연 이런 고난에는 어떤 차이와 특징이 있을까요?

1) 하나님에 의해 허락된 고난

인간은 본성적으로 고난이 없다면 하나님을 찾지 않습니다.[68] 인간의 '혼'은 고난이 없을 때 '육적'으로 치우치는 본능이 있습니다. 원죄의 결과입니다. 그래서 때로는 하나님께서 고난이라는 도구를 사용하여 우리를 하나님께로 이끄십니다. 이런 고난은 우리를 망하게 하는 것이 아니라 도리어 하나님께 돌이키게 하며 신앙을 성장시키는 특징이 있습니다.

그렇다면 하나님이 우리의 신앙을 성장시키기 위해 사용하시는 가장 일반적인 고난의 모습은 무엇일까요?

먼저 '무릎의 고난'입니다.

하나님은 무릎 꿇는 기도의 수고, 말씀에의 헌신, 예배에 대한 몸부림을 우리에게 요구하십니다. 이것이 하나님이 허락하시는 첫 번째 고난의 모습입니다.

우리의 혼과 육은 본성적으로 기도와 말씀과 예배를 좋아하지 않습니다. 그래서 우리가 이러한 일을 행하려면 혼과 육을 쳐서 복종시켜야 합니다. 이것이 혼과 육의 고난인 것입니다. 좁은 길인 것입니다.

반면 이런 낮은 수준의 고난이 있는가하면 스스로 자신의 삶을 내어놓는 아름다운 고난도 있습니다. 예를 들면, 하나님의 부르심에 순종

---

[68] "또한 그들이 마음에 하나님 두기를 싫어하매..."(롬 1:28, 개정)

하기 위해 기꺼이 아프리카 오지의 밀림 같은 곳을 선택하여 들어가는 형태의 고난입니다. 이러한 고난은 하나님을 기쁘시게 하는 아름다운 고난입니다. 십자가의 고난이며 종의 형체로 자신을 낮춘 고난입니다. 하나님이 허락하시는 고난이 바로 이러한 것입니다. 복음을 위해 기꺼이 좁은 길을 걸으며, 십자가의 길을 가는 고난입니다. 이러한 고난은 하나님을 기쁘시게 하기 위해 우리가 기꺼이 지고가는 자발적인 형태의 고난입니다.

그러나 하나님이 허락하시는 또 다른 형태의 고난이 있습니다. 그것은 우리의 삶을 돌이키도록 하기 위해 '환경을 만지시는 고난'입니다. 때때로 육체의 소욕이 강하여 하나님과 멀어질 때 하나님이 십자가의 길, 좁은 길로 갈 수 있도록 환경 가운데 만지시는 고난인 것입니다. 그래서 어떤 사람에게는 질병을 허락하기도 하십니다. 어떤 사람에게는 재정적인 문제를 허락하십니다. 가정의 문제, 환경의 어려움을 주시기도 하는 것입니다.

하지만 이러한 하나님이 허락하신 고난에는 한 가지 특징이 있습니다. 그것은 그 사람이 환경적인 고난에 직면했을 때 깨닫고 하나님께 나아와 부르짖는다면 그 환경적인 문제들이 풀어지기 시작한다는 것입니다. 질병의 문제가 풀어지고, 자녀의 문제, 재정의 문제, 관계의 문제들이 풀어진다는 것입니다.

고난을 통해 그 사람의 신앙이 성장되는 것입니다.[69] 이것이 하나님이 허락하신 고난의 특징입니다.

하나님이 우리에게 고난을 허락하셨을 때는 우리를 멸망시키기 위해 주신 것이 아닙니다. 하나님께 돌이키도록 이끄시는 고난입니다. 그래서 하나님의 고난은 '사랑의 매'입니다. 때로는 하나님은 회초리를 드심으로 우리의 부모가 누구인지를 분명하게 각인시키시는 것입니다.[70]

이것이 하나님이 허락하신 고난이며 하나님께서 우리를 깨우기 위해서 주신 고난입니다. 그러므로 이러한 고난은 우리의 영적인 성장이 이루어진다면 하나님이 주체가 되어 다시 회복시켜 주십니다. 하나님의 사랑의 매이며 하나님의 신실하신 통치권 안에서 이루어지는 고난의 모습입니다. 이런 고난은 하나님이 원하시는 좁은 길, 십자가의 길을 가도록 하기 위해 허락하신 고난입니다.

---

69) "다만 이뿐 아니라 우리가 환난 중에도 즐거워하나니 이는 환난은 인내를, 인내는 연단을, 연단은 소망을 이루는 줄 앎이로다"(롬 5:3-4, 개정)
70) "따라서 여러분이 받는 고난을 아버지의 훈계로 알고 견디십시오. 하나님께서는 아버지가 자기 아들에게 벌주듯이 여러분을 대하시는 것입니다. 아들을 훈계하지 않는 아버지는 어디에도 없습니다."(히 12:7, 쉬운)

2) 사탄으로 인해 기인되는 고난

고난 중에는 사탄으로 인해 기인되는 고난이 있습니다. 사탄은 이 세상의 신으로서 이 세상을 주도하며 하나님의 백성들을 괴롭히며 참소합니다. 사탄이 이렇게 이 땅을 통치하고 있기 때문에 우리는 언제나 사탄의 공격에서 자유로울 수가 없습니다. 사탄이 우는 사자와 같이 삼킬 자를 찾기 때문입니다(벧전 5:8). 우리는 이러한 환경 속에서 살아갑니다. 그래서 이런 땅에서 살다보면 더러운 것과 죄에 노출될 때가 있습니다. 이런 불의, 불법, 죄성, 더러운 것, 중독 등에 의해 고난 가운데 노출될 수 있습니다. 이러한 고난들이 사탄으로 인해 기인된 고난입니다. 죄 때문에 일어나는 고난입니다.

물론 사탄은 그 사람을 계속적으로 지배하고 사용하기 위해 불법과 불의나 상황이나 환경도 때로는 덮어 줄 수 있습니다. 그러나 사탄이 그 사람을 넘어뜨리고 할 때는 바로 이러한 것을 통해 고난을 주는 것입니다.

예를 들어 보겠습니다.

내가 사업이나 일을 하면서 돈을 많이 벌었습니다. 그런데 아무도 모르지만 이 돈을 벌기 위해 순간순간 불법적인 방법들이 사용되었습니다. 비자금이 될 수도 있고, 뇌물이 될 수도 있고, 사람을 속이는 것이 될 수 있고, 사람에게 피해를 주는 것일 수도 있습니다. 만약 사탄이 이 사람을 계속 사탄의 도구로 사용하기를 원한다면 이런 불법적인 것이 드러나지 않도록 도울 것입니다. 그런데 이 사람이 복음을 듣고 기독교인이 되었다면, 혹은 이제부터 정직한 사람이 되기로 작정했다면 어떻게 될까요?

사탄이 그 불법적인 것을 드러내는 것입니다. 불법적인 방법으로 얻게 된 재물, 명예, 성공을 다 빼앗아 버리는 것입니다. 이로 인해 고난과 고통을 당하게 되는 것입니다. 이런 고난들이 사탄으로부터 기인된 고난입니다.

사탄이 더러운 것들과 죄를 통해 유혹할 때 만약 이러한 것들을 우리가 받아들인다면, 사탄은 이러한 것들을 통해 침투하는 것입니다. 사람들이 이러한 것들을 통해 여전히 사탄의 편에 선다면 사탄은 고난보다 오히려 좋은 것들을 주지만 만약 반대편에 선다면 공격을 하는 것입니다. 이러한 것들이 삶 가운데 고난의 모습으로 나타나게 되는 것입니다. 이것이 바로 죄 때문에 일어나는 사탄으로부터 비롯된 고난입니다.

3) 자신의 잘못과 죄로 인해 겪게 되는 고난

또한 고난 중에는 우리 '스스로에 의해 만들어진 고난'도 있습니다. 우리의 잘못과 죄로 인해 겪게 되는 고난입니다. 우리에게는 선한 것들을 선택할 수 있는 자유의지가 있습니다. '선택이 결과를 만드는 것'입니다. 물론 어떤 경우에는 사탄의 유혹으로 인해 당하는 고난이 있습니다. 그러나 이러한 고난이라 할지라도 자유의지의 선택이 먼저 있었다는 것을 기억해야 합니다. 모든 고난이나 질병이나 아픔의 원인을 전적으로 사탄에게 돌리는 것은 옳지 못한 생각입니다. 사탄에 의한 고난도 있지만, 자신의 잘못된 판단과 죄를 받아들임으로 인해 발생되는 고난도 있기 때문입니다. 사탄이 아무리 유혹을 한다 할지라도 자유의지를 통해 그것을 받아들이지 않는다면 공격할 수 없는 것입니다. 우리가 겪는 대부분의 고난은 '우리의 잘못된 선택과 죄로 인해 겪는 고난'이 많습니다.

한 가지 예를 들어 보겠습니다.

사탄은 우리에게 지속적으로 더러운 생각과 죄 된 생각을 넣습니다. 우는 사자와 같이 삼킬 자를 찾다가 먹이가 포착되면 그 사람에게 접근하여 생각을 넣음으로서 유혹합니다. 어떤 사람에게는 탐욕을 채울 수 있는 생각을 넣을 수 있습니다. 가룟 유다가 탐욕적인 사람이었기 때문에 사탄은 돈을 벌 수 있는 방법으로 예수를 팔 생각을 넣은 것입니다(요 13:2). 그리고 탐욕적이었던 가룟 유다가 이것을 받아들인 것입니다. 가룟 유다는 결국 예수님을 팔아 넘깁니다. 그리고 예수님의 죽음 앞에서 심한 자책감에 빠집니다. 이로 인해 자살을 택합니다. 그렇다면, 가룟 유다의 잘못된 선택으로 인한 고난(자책과 자살)은 어디에서 출발한 것입니까? 사탄입니까? 예, 사탄에게도 어느 정도 책임은 있습니다. 그러나 그 고통의 출발은 바로 가룟 유다 자신이었습니다. 자신의 탐욕적 선택이 죄를 부르고 고통을 야기한 것입니다.

또 음란을 예로 들어 보겠습니다. 사탄은 어떤 사람에게 음란한 생각을 넣습니다. 만약 음란한 생각이 들었을 때, '이것은 잘못된 생각이야' 혹은 '예수 그리스도 이름으로 명하노니 음란한 생각아 떠날지어다!' 한다면, 사탄이 아무리 강하다할지라도 아무것도 할 수 없게 됩니다. 그런데 만약 이 음란한 생각을 받아 드린다면 어떻게 될까요? 그러면 이제 사탄이 음란한 것들을 보고 찾도록 자극합니다. 이런 상태에서도 거부한다면 사탄은 물러나게 될 것입니다. 그러나 인터넷에서 음란한 것을 찾고, 포르노와 같은 것들을 봄으로 더 음란해졌다면 이제 중독의 단계로 접어들게 됩니다. 이제 사탄은 별다른 일을 하지 않아도 됩니다. 그냥 놔두어도 그 사람은 이미 음란에 중독된 상태가 되었기 때문에 스스로 음란함을 찾기 시작합니다. 중독의 단계가 더 강해지면 이제는 실제로 그것을 행동하고 싶은 충동이 일어납니다. 이러한 행동이 성폭력으로, 간음의 형태로, 심지어 동성애의 모습으로도 나타나는 것입니다.

그렇다면 이 고난은 어디로부터 시작된 것입니까? 바로 자신을 통제하지 못한 죄로부터 출발한 것입니다. 사탄의 영향력이 있을 수 있지만, 결국 자신의 선택이 고난을 야기한 것입니다.

세상의 모든 고난은 이러한 세 가지 중의 하나로부터 출합니다.
'하나님이 허락하신 고난', '사탄으로부터 기인된 고난', '자신의 잘못된 선택과 죄 때문에 당하는 고난'일 수 있습니다. 우리가 당하는 모든 고난은 결국 이 세 중의 하나의 형태로 우리에게 다가오는 것입니다.

2. 하나님으로부터 기인한 고난과 그렇지 않은 고난과의 차이점

하나님은 우리에게 고난을 허락하십니다. 왜냐하면 고난을 통해서 우리는 신앙적으로, 영적으로 성장할 수 있기 때문입니다. 젖먹이 아이들은 수백 번, 천 번이 넘게 넘어지며 걸음마를 배웁니다. 아마 어떤 부모도 이렇게 넘어지는 아이가 불쌍하다고 "걷기를 포기하라" 말할 사람은 없을 것입니다. 넘어져야 일어설 수 있다는 성장 법칙을 알고 있기 때문입니다.

고난도 이와 같습니다. 하나님은 고통을 즐기기 위해 우리에게 고난을 허락하지 않습니다. 그것은 사탄이 주는 고난입니다. 하나님이 주시는 고난은 우리가 성장하기 위해 반드시 필요하기 때문에 이 세상에서 고난을 허락하시는 것입니다. 그래서 하나님이 주시는 고난에는 특징이 있습니다. 고난 가운데 '하나님을 찾을 수 있는 통로들'이 열린다는 것입니다. 또한 고난을 당하는 '그 사람을 도울 수 있는 통로'를 열어 주신다는 것입니다. '피할 길과 도울 길'을 여시는 것입니다.[71]

하나님이 고난을 허락하시는 이유는 그 고난을 통해 우리를 낮추기 위함입니다. 우리를 낮춤으로 십자가의 길을, 좁은 길을 가도록 이끄시는 것입니다. 그러므로 이런 고난 중에 있을 때 신실한 믿음으로 하나님을 바라보면 반드시 문제가 해결되고, 치유와 회복의 통로가 열리게 되는 것입니다. 그리고 고난을 통해 신앙이 더 성장하게 되고 하나님의 자녀로서의 영적인 권위를 더 확고히 하게 됩니다. 그래서 사람들이 하나님이 허락하신 고난을 만날 때는 처음에는 어려움을 느끼더라도 그 가운데 하나님을 찬양하게 되며 감사하게 되며 하나님을 높이게 되는 것입니다.

반면 사탄으로 기인한 고난과 자신의 죄로 인해 고난을 당하는 사람들의 반응은 다릅니다. 이들의 입에서는 감사와 찬양이 아니라 저주와 불평과 비난이 쏟아져 나옵니다. 고난 가운데 죽고자 하는 마음이 자꾸 올라오는 것입니다. 이것은 사탄이 씨를 뿌리고 우리의 행동으로

---

71) "사람이 감당할 시험 밖에는 너희가 당한 것이 없나니 오직 하나님은 미쁘사 너희가 감당하지 못할 시험 당함을 허락하지 아니하시고 시험 당할 즈음에 또한 피할 길을 내사 너희로 능히 감당하게 하시느니라" (고전 10:13, 개정)

열매를 거둔 결과가 나타나는 것입니다. 그러나 이런 상태일지라도 하나님께 나와 그 분의 은총과 은혜 가운데 머문다면 그것이 사탄으로 인한 고난이든, 자신의 죄로 인한 고난이든 상관없이 하나님은 놀라운 회복의 은혜를 주십니다.

만약 사람들이 돌이켜 하나님 안에 머물며 하나님의 자녀로 살기로 약속한다면, 비록 질병이 치료되지 않을지라도, 비록 재정의 문제가 해결되지 않을지라도 성령께서 위로하시며 권면하시며 하나님의 방법대로 그 문제를 문제로 바라보지 않도록 영의 눈을 열어 줌으로써 그것을 통과할 믿음을 부어 주십니다. 고난의 즉각적인 해결보다 고난 가운데 믿음이 성장하는 것이 더 중요하기 때문에 이렇게 하시는 것입니다.

환경이 해결되는 일차적인 것보다 더 중요한 것은 '고난 중에라도 하나님을 바라보는 것'입니다. 하나님을 의뢰하며 신뢰하며 하나님을 바라보는 것입니다. 이것이 고난에 대처하는 신앙인의 행동 양식인 것입니다. 이러한 과정을 통해 우리의 믿음이 성장되었을 때 하나님이 개입하셔서 하나하나 고난의 문제들을 풀어가는 것입니다.

3장

성장하는 그리스도인이 싸워야 할 적
'교만'

사탄이 우리를 공격할 때는 보통 외부에서 내부로 공격을 가합니다. 생각을 공격합니다. 생각이 열리면 마음을 공격하며 행동을 지배합니다. 이렇게 외부에서 내부로 서서히 침투해 들어옵니다. 그러나 이런 외적인 공격이 아니라 내부에서 일어나는 공격이 있습니다. 바로 '교만'입니다. 교만은 믿음의 사람조차도 넘어뜨리는 강력한 걸림돌입니다. 하나님의 전신갑주를 입고 있어 사탄의 공격을 막아낸다 할지라도 내부로부터 일어난 교만으로 무너져 내릴 수 있는 것입니다. 루시퍼가 넘어진 것이 교만 때문이었고, 사울 왕도 교만으로 무너졌습니다. 하나님과 합한 자라고 칭함 받은 다윗도 한 때 교만한 마음이 들어간 적이 있습니다.[72] 우리도 언제든지 교만으로 무너질 수 있는 것입니다. 교만은 '패망의 선봉이요, 넘어짐의 앞잡이'기 때문입니다(잠 16:18). 그러므로 우리는 교만이 어떻게 틈을 타고 들어오는지를 알고, 그 교만과 싸워 이기는 사람이 되어야 합니다.

---

[72] "다윗이 백성을 조사한 후에 그의 마음에 자책하고 다윗이 여호와께 아뢰되 내가 이 일을 행함으로 큰 죄를 범하였나이다 여호와여 이제 간구하옵나니 종의 죄를 사하여 주옵소서 내가 심히 미련하게 행하였나이다 하니라"(삼하 24:10, 개정)

교만의 특징과 싸우는 방법

교만의 특징을 알아보기 전에 먼저 '사실'과 '자랑'과 '교만' 사이에 어떠한 차이가 있는지 말씀드리겠습니다.

사실은 무엇일까요?

더하거나 빼거나 하지 않은 순수한 그대로를 말하는 것입니다. 전혀 가감하지 않는 것입니다. 그러나 사실 가운데 자신을 포장하고 과장하며 자신의 의와 영광이 첨가될 때 그것이 자랑이 됩니다. 이 자랑의 마음이 더 커져 하나님을 대신하여 일할 수 있다는 마음을 갖게 될 때 이제 이것이 교만이 됩니다.

결국 교만은 자기의 의와 영광을 나타내고자 하는 마음이며 하나님 자리에서 통치하고자 하는 강한 욕망의 마음입니다. 성도뿐만 아니라 사역자들 중에도 이러한 교만한 마음을 가진 사람들이 있습니다. 그런데 문제는 마음속에서 교만의 싹이 텄음에도 불구하고 자신에게 이런 교만의 독이 자라고 있다는 것을 깨닫지 못하는 사람들이 많다는 것입니다.

사역자들 중에서도 이미 자기 의와 영광을 받으며 사역하고 있으나 스스로는 자신을 하나님의 충성된 일꾼이라고 생각하며 사역하고 있는 사람들이 있다는 것입니다. 예수님께서 앉을 자리에 자기가 대신 앉아 모든 영광을 받는 것입니다. 이것이 바로 교만한 사람의 모습입니다.

그러나 누구든지 자기도 모르는 사이에 이러한 교만에 빠질 수 있습니다.

사람들은 남들이 충고할 때보다 칭찬하고 인정해 줄때 더 기뻐합니다. 본능적인 자기 의와 영광에 대한 욕구가 있기 때문입니다.

사실과 자랑과 교만의 사이는 멀리 떨어져 있지 않습니다. 자랑을 방치하다보면 순식간에 교만이 되는 것입니다. 그러므로 우리는 깨어 하나님의 자리를 대신하도록 이끄는 교만과 싸워야 합니다. 이겨야 합니다.

교만과 싸워 이기는 방법

우리는 늘 교만과 싸워야 합니다.

그렇다면 자기의 의와 영광을 받고자 하는 교만한 마음과 어떻게 싸워 나가야 할까요?

첫째는 '종의 형제'를 지니는 것입니다.

종은 절대로 주인 앞에 나서서 교만해질 수 없습니다. 종이 어떻게 주인 앞에서 주인 행세를 할 수 있겠습니까?

그러므로 특별히 사역자들은 주의 종들로서 그 자리를 지킬 줄 알아야 합니다. 내 주인은 내가 아니라 바로 예수 그리스도임을 늘 기억해야 합니다. 우리는 예수님을 태운 나귀에 불과하다는 것을 명심해야 합니다. 예수님이 내 등 위에서 편안하시도록 언제나 고개를 숙여야 합니다. 만약 나귀인 우리가 내가 주인이라고 벌떡 일어나 버린다면 예수님은 그 자리에서 떨어지고 말 것입니다. 자기 의와 영광을 드러낼 때 이렇게 되는 것입니다.

그러므로 우리는 종의 모습으로, 나귀의 모습으로 주인인 예수님을 섬기는 자들임을 반드시 기억하며 머리를 숙이고 몸을 낮추는 사람들이 되어야 합니다. 이것이 종의 형체입니다.

이렇게 우리가 종의 형체를 지닌다면 교만은 우리 가운데 뿌리를 내리지 못할 것입니다.

두 번째는 '늘 입으로 시인하는 것'입니다.

많은 사역자들이 이적과 기적과 표적을 행하면서 교만으로 넘어지는 이유가 있습니다. 그것은 사람들이 영광을 돌릴 때 그 영광을 하나님께 올리지 않기 때문입니다. 그러나 그 상황에서 이적을 일으킨 주체가 하나님임을 인정하며 그것을 입으로 시인한다면 교만은 절대 틈을 타지 못할 것입니다.

병을 치료하며 귀신을 쫓아내면서도 하나님께 영광을 돌리지 않으며 그 능력의 원천이 예수님임을 말하지 않기 때문에, '이 단순한 행동'으로 인하여 교만이 그 사람에게 들어가는 것입니다. 영광을 자신이 받은 것이며 자기 의를 드러내고 싶은 욕구가 드러난 것입니다. 그러나 자신을 내려놓고 이 모든 것이 하나님으로부터 온 것이라고 '입으로 시인하며 인정하는 훈련을 할 때' 교만이 더 이상 틈타지 못하게 되는 것입니다.

우리가 성숙한 그리스도인으로 성장하려면 반드시 이 단계를 거치게 됩니다. 사람들로부터 칭찬 받고 인정받을 수 있습니다. 그러나 이럴 때마다 우리가 종의 형체의 모습으로, 입을 열어 모든 영광을 하나님께 돌린다면 교만은 틈타지 못할 것입니다. 이것이 바로 겸손이며 겸손은 성숙한 그리스도인에게만 나타나는 증표입니다. 성숙한 그리스도인들에게는 교만이 아닌 종의 형제와 하나님께 영광을 돌리는 모습이 나타나는 것입니다.

이러한 사람들이 하나님 앞에 심령이 가난(겸손)한 자의 모습이며, 하나님이 인정하시는 '내 마음에 합한 자'인 것입니다.

4장

성장하는 그리스도인의 '감정처리' 방법

우리가 만약 일반적인 수준이 아닌 성숙한 그리스도인으로, '성령의 사람'으로, '하나님의 사람'으로 성장하기 원한다면 반드시 거쳐야 할 단계가 있습니다. 그것은 바로 '감정을 하나님의 편에 두는 것'입니다. 이것을 위해서는 하나님이 기뻐하시지 않는 것들을 버려 나가는 순종의 단계를 거쳐야 합니다. 이 번장에서는 이 부분에 대해 다루고자 합니다.

우리의 감정을 하나님 편에 두기

우리는 살아가면서 여러 가지 이유 때문에 분노의 감정, 자기 욕구의 감정, 이기심의 감정들이 일어납니다. 세상에서는 이러한 것들이 그다지 큰 문제가 되지 않지만 성숙한 그리스도인이 되고자 한다면 반드시 이러한 감정들을 하나님 편에 두는 순종의 훈련을 해야 합니다. 이러한 감정이 올라 올 때마다 하나님 앞에서 내려놓는 훈련을 해야 하는 것입니다.

예를 들어 교회 봉사를 하다가 마음이 상하게 되었습니다. 인간관계에서는 늘 갈등이 일어날 수 있습니다. 그런데 이럴 때 보통 어떻게 합니까? 그 문제를 당사자와 함께 잘 풀어 갑니까?

그러나 대부분 그렇지 않습니다. 뒤에서 자신에게 상처를 준 사람에 대해 뒷말을 하거나 비난합니다. 좀 심할 경우에는 봉사를 그만 둬 버립니다. 또 어떤 경우에는 교회에 문제가 발생했을 때 폭력적인 방법으로 이것을 해결하기도 합니다.

이런 사람들은 하나님의 말씀이 아니라 '자신의 감정에 순종하는 사람들'입니다.

많은 신앙인들이 자기에게 상처 준 사람들에 대해 미움과 분노와 원망을 마음에 품고 살아갑니다. 그런데 하나님이 이러한 모습을 기뻐하실까요?

이제부터 '감정을 어떻게 하나님 편에 두고 살아야 하는지'에 대해 말씀드리겠습니다.

우리가 성경을 통해서 주목해야 할 사람이 있습니다. 바로 모세입니다.

모세는 자신의 동족이 애굽 관리로부터 매를 맞고 있을 때 자신의 분노의 감정을 참지 못하고 살인을 하고 맙니다.[73] '자기 감정에 순종하는 자'의 모습입니다. 하나님은 이런 자들을 사용하지 않습니다. 반드시 연단을 시키십니다. 만약 연단의 과정 가운데서도 변화가 없다면 하

---

73) "모세가 장성한 후에 한번은 자기 형제들에게 나가서 그들이 고되게 노동하는 것을 보더니 어떤 애굽 사람이 한 히브리 사람 곧 자기 형제를 치는 것을 본지라 좌우를 살펴 사람이 없음을 보고 그 애굽 사람을 쳐 죽여 모래 속에 감추니라" (출 2:11-12, 개정)

나님은 이런 그릇을 사용하지 않습니다. 그러나 모세는 40년의 미디안 광야의 연단을 통해 변화가 되었습니다. 하나님이 이런 모세를 들어 쓰신 것입니다. 그렇다면 모세는 어떤 모습으로 변화되었을까요?

우리는 성경의 한 가지 사건을 통해 변화된 모세의 모습을 발견할 수 있습니다.

출애굽을 한 후 광야에 있을 때 고라 자손의 반역이 일어났습니다.[74]

그런데 이런 모습을 본 모세가 어떻게 했다고 했습니까? 자기감정에 순종하여 다시 이들을 쳐 죽였다고 했습니까?

성경은 이렇게 기록합니다.

> "모세가 이 말을 듣고 땅에 엎드려 기도하고 나서, 고라와 고라가 데리고 있는 모든 사람에게 이렇게 말하였다. "내일 아침에 주님께서는, 누가 하나님께 속한 사람이며, 누가 거룩하며, 누가 그에게 가까이 나아갈 수 있는지를 알려 주실 것이오. 주님께서는 친히 택하신 그 사람만을 주님께 가까이 나오게 하실 것이오." (민 16:4-5, 새번역)

---

74) "레위의 증손 고핫의 손자 이스할의 아들 고라와 르우벤 자손 엘리압의 아들 다단과 아비람과 벨렛의 아들 온이 당을 짓고 이스라엘 자손 총회에서 택함을 받은 자 곧 회중 가운데에서 이름 있는 지휘관 이백오십 명과 함께 일어나서 모세를 거스르니라 그들이 모여서 모세와 아론을 거슬러 그들에게 이르되 너희가 분수에 지나도다 회중이 다 각각 거룩하고 여호와께서도 그들 중에 계시거늘 너희가 어찌하여 여호와의 총회 위에 스스로 높이느냐"(민 16:1-3, 개정)

가장 먼저 모세가 한 행동은 '하나님께 기도한 것'입니다. 두 번째로 한 것은 이 문제의 해결을 '하나님께 맡긴 것'입니다.

사실 모세는 이런 고라 자손들의 행동에 몹시 화가 났습니다. 배신감을 느낀 것입니다. 기껏 애굽에서 노예로 살던 사람들을 자유의 몸이 되도록 이끌어 냈더니 이제 자신들이 지도자가 되겠다고 쿠데타를 일으킨 것입니다. 모세도 화가 났습니다. 그러나 이 화를 그들에게 직접 풀지 않았습니다. 혼자 기도하면서 하나님께 풀었습니다.

> "모세가 심히 노하여 여호와께 여짜오되 주는 그들의 헌물을 돌아보지 마옵소서 나는 그들의 나귀 한 마리도 빼앗지 아니하였고 그들 중의 한 사람도 해하지 아니하였나이다 하고" (민 16:15, 개정)

모세는 화가 났지만 이것을 사람에게 푼 것이 아니라 하나님께 내놓았습니다.

젊었을 때 모세는 자신의 감정에 순종한 사람이었습니다. 그래서 살인이 일어났습니다.

그러나 변화된 모세는 기도하며 문제의 해결을 하나님께 맡겼습니다. 그리고 자신의 화는 개인 기도를 통해 하나님께 내놓았습니다.

이것이 하나님의 사람들의 모습이며 성숙한 그리스도인의 모습입니다.

많은 사람들이 '자신의 감정에 순종하는 삶을 살면서' 자신을 하나님의 사람이라고 이야기합니다. 나를 상하게 한 사람에 대해 비난하면서, 혹은 교회의 분열이 있을 때 모세처럼 폭력으로 해결하면서도 자신의 행동을 의로운 분노라고 말합니다. 그러나 이 모습은 하나님의 편에 선 것이 아니라 사탄의 편에 선 자들의 모습입니다.

하나님의 사람은 자신의 감정 앞에 순종하는 사람이 아니라, 먼저 하나님께 무릎을 꿇는 사람입니다. 문제의 해결을 하나님께 의탁하는 사람입니다.[75] 이것이 바로 하나님이 바라시는 성숙한 그리스도인의 모습입니다. 하나님 편에선 온유한 사람의 모습인 것입니다.[76]

이제부터 감정적인 문제들을 만날 때는 그 감정에 순종하는 자가 되지 마시고 그것을 하나님 편에 두는 자가 되십시오.

하나님 앞에 무릎으로 나가는 것입니다.

"하나님 제 마음이 상합니다. 제가 교회에서 봉사하며 헌신했으나 제 마음에 서운함이 있습니다. 저를 알아주지 않아서 마음에 서운함이 듭니다. 어찌해야 할까요?" 이렇게 기도를 통해 하나님께 올리며 물으라는 것입니다. 교회에서 일어나는 모든 분쟁과 다툼의 문제도 마찬가

---

75) "내 사랑하는 자들아 너희가 친히 원수를 갚지 말고 하나님의 진노하심에 맡기라 기록되었으되 원수 갚는 것이 내게 있으니 내가 갚으리라고 주께서 말쏨하시니라" (롬 12:19, 개정)
76) "이 사람 모세는 온유함이 지면의 모든 사람보다 승하더라"(민 12:3, 개역)

Part 3 사람의 영적 세계

지입니다.

성숙한 그리스도인으로 성장하길 원한다면 반드시 미움과 분노와 시기심과 마음의 상처들을 하나님께 올리는 훈련을 해 나가야 합니다. 이렇게 훈련해 갈 때 하나님이 더 강권적으로 우리를 통치할 수 있기 때문입니다. 그렇지 않고 여전히 내가 내 감정의 주인 되어 살아간다면 하나님이 그 부분을 통치할 수 없게 되는 것입니다.

또한 문제를 하나님께 올려 드릴 때 이제 그 문제는 우리의 문제가 아니라 하나님의 문제가 됩니다. 문제의 소유권을 하나님께 올렸으므로 그 문제의 해결자가 하나님이 되시는 것입니다. 이렇게 우리의 문제가 이양될 때 하나님이 문제 해결의 주도권을 가지고 우리의 삶을 인도해 가는 것입니다.

그렇다면 하나님은 우리의 감정을 받으시고 어떻게 해결을 해나가실까요?

예를 들어 우리 안에 서운한 마음, 미운 마음이 있을 때 하나님이 어떻게 치유하는지를 말씀드리겠습니다.

만약 우리에게 미움의 마음이 있을 때 그것을 하나님께 올리는 것이 아니라 직접 미움의 대상에게 찾아가 공격하며 다툼을 조장한다면 오히려 큰 어려움을 초래하게 될 것입니다. 심은 대로 거두고 우리가 헤아린 대로 헤아림을 받는 것이 성경적인 원리이기 때문입니다. 결국 마음의 상처가 해결되는 것이 아니라 오히려 상처에 독화살이 더 깊게 박히

게 될 것입니다. 이로 인해 더 좌절하며 낙심하며 넘어지게 될 것입니다.[77]

이때 우리가 혈과 육의 방법이 아니라 영의 방법으로 하나님께 기도한다면 어떻게 될까요?

"하나님! 저는 이 미움의 마음을 다스릴 수 없습니다. 하나님! 그 사람이 너무 미워 견딜 수 없습니다. 하나님! 도와 주시옵소서! 하나님께 올리니 도와 주시옵소서!"

이렇게 기도한다면 그 순간 우리의 문제가 기도를 통해 하나님의 문제로 바뀌게 됩니다. 그리고 이 해결을 하나님이 실행하는 것입니다.

하나님은 내가 미워했던 그 사람의 마음에 나를 향한 사랑의 마음과 긍휼한 생각을 넣어 주셔서 화해로 이끄실 수도 있습니다. 반대의 경우 나에게 그러한 동일한 마음과 용서하는 마음을 주심으로 이 문제를 해결하게 하실 수도 있습니다.

하나님은 전능하신 분이심으로 우리가 문제를 올릴 때 그 분의 방법으로 문제를 풀어가는 것입니다.[78]

---

77) 많은 사람들이 '일을 저지른 후에' 그 해결책을 하나님께 요구하는 경우가 많습니다. 그러나 많은 경우 자신으로 인해 저질러진 행동의 결과는 자신이 책임져야 하는 경우가 많습니다. 사람을 죽이기 전에 하나님께 기도했다면, 하나님이 그 사람을 도울 것입니다. 그러나 통제를 못하고 그 사람을 죽이고 난 다음, 하나님께 해결책을 요구한다할지라도 그 사람은 자신의 행동 결과와 죄의 대가로 감옥에 가야 하는 것입니다.

78) 그러나 우리가 유의할 것은 우리가 문제를 하나님께 올릴 때, 하나님은 내가 원하는 방법으로 해결을 하지 않는 경우가 훨씬 많다는 것입니다. 문제를 올리면서 우리는 그 사람의 사업이, 관계가, 가정이 망하길 원할 수 있지만 하나님은 그렇게 하지 않으십니다. 나에게는 그 사람이 원수일지라도 하나님에게는 그 역

우리는 문제가 있을 때마다, 상처가 있을 때마다 하나님께 올려야 합니다. 이렇게 기도 할 때 하나님은 우리를 치유하시며, 기도할 때 하나님은 행하시며, 기도할 때 환경을 풀어 주시는 것입니다.

이것은 우리가 영적으로 성장할 때 반드시 거쳐야 할 단계입니다. 이렇게 하나님 편에 우리의 감정을 두는 훈련을 지속적으로 하며 성장해 나갈 때 그 사람의 삶에 '성령의 열매'[79]가 맺혀지게 되는 것입니다.

그러나 만약 이 단계를 피하거나 외면한다면 우리의 영적인 성장이 막힐 것입니다. 신앙이 변질되어 가는 것입니다.

완고하고 완악한 신앙인

우리는 어떻게 해서 완악하고 완고한 신앙인이 되어가는 걸까요?

예수님을 만나 거듭났을 때는 감격과 감사가 넘쳤는데 왜 우리의 신앙이 변질되는 것일까요?

이러한 것은 작은 문제들로부터 시작됩니다.

우리가 예수님을 처음 믿고 거듭났을 때 감격과 감사가 넘치지만 여전히 교회에서, 사회에서, 세상에서 여러 가지 문제들을 만나게 됩니다.

시도 사랑하는 양(또는 잃어 버린양)이기 때문입니다. 그러므로 우리가 우리의 문제를 하나님께 올려드릴 때는 그 해결의 방법도 온전히 하나님께 올려 드려야만 합니다.

79) "오직 성령의 열매는 사랑과 희락과 화평과 오래 참음과 자비와 양선과 충성과 온유와 절제니 이같은 것을 금지할 법이 없느니라"(갈 5:22-23, 개정)

충돌과 갈등이 일어나는 것입니다. 이때 우리가 이러한 것들에 대해 '어떻게 반응하느냐'가 신앙 성장의 디딤돌이 되기도 하고 걸림돌이 되기도 합니다.

만약 누군가 우리의 마음을 상하게 했다고 가정해 보십시오. 그런데 그것을 하나님께 올리지 않고 개인의 문제로 계속 마음에 품는다면 어떻게 될까요?

이러한 것이 반복될 때 상한 마음이 감격과 감사의 마음을 밀어내는 것입니다. 그 자리를 미움, 분노, 시기, 원망 등이 차지하게 되는 것입니다. 이러한 것들이 하나님의 것들을 몰아내며 마음을 딱딱하게 만드는 것입니다. 완고하게 만드는 것입니다.

이런 신앙인들이 있는 교회를 보십시오. 교회 안에 크던 작던 분냄과 성냄과 다툼과 이간질과 분쟁이 자주 일어납니다. 완고한 신앙인의 마음에 있던 분노와 미움과 시기가 개인의 차원을 넘어 교회의 전쟁으로 번진 것입니다.

우리는 이러한 것들이 영적 전쟁의 결과라는 것을 분명하게 알아야 합니다.

우리가 거듭날 때 우리의 겉사람과 속사람의 싸움이 시작됩니다. 속사람인 영과 성령님은 갈등과 충돌이 있을 때 '서로 사랑하라'고 하십니다. '용서하라'고 하십니다. '핍박하는 자를 위해 기도하라'고 하십니다.

그러나 겉사람은 말합니다.

"감히 나를?", "네까짓 것이 뭔데", "너 때문에 이렇게 됐어!", "두고 보자!"

그러면서 분노와 시기와 미움을 충동질합니다.

만약 이 겉사람과 속사람의 싸움에서 속사람이 이긴다면 어떻게 될까요?

비록 내가 고통을 당했지만, 그 사람을 용서하며 기도하게 됩니다. 이런 과정을 거치면서 겸손과 온유와 양보와 순종하는 성품의 열매가 맺혀지게 됩니다.

그러나 겉사람이 이긴 사람에게는 분쟁과 다툼과 분노와 폭력적인 열매들이 맺혀집니다. 그러므로 만약 우리 안에 완고함과 분냄과 성냄과 다툼과 이간질과 분쟁이 있다면 그것은 겉사람이 속사람을 이겼다는 증거입니다. 또한 이러한 것은 사탄이 침투할 수 있는 통로를 열어줍니다. 사탄의 공격으로 완고했던 신앙인이 이제는 완악한 신앙인으로 바뀌게 되는 것입니다.

그렇다면 교회 내에 이런 그리스도인들이 있을때 어떻게 해야 할까요?

만약 교회 내에 분쟁과 다툼과 이간질이 많이 일어난다면, 그 안에는 완고하고 완악한 신앙인이 많다는 뜻입니다. 사탄이 침투하여 이런 사람들을 도구로 충돌과 갈등을 일으키는 것입니다. 그럼 이런 문제를 일으키는 가라지 같은 사람들을 다 뽑아 버려야 할까요?

그렇지 않습니다.

때로는 그 가라지도 때가 차매 변화되어 온전한 알곡으로 변화될 수 있습니다. 잘못을 회개하고 예수 그리스도를 통해 온전한 알곡으로 다시 성장될 수 있는 것입니다. 그러므로 우리는 이들이 가라지로서 교회 안에서 분쟁과 다툼을 일으킬 때 비난의 대상으로 삼는 것이 아니라 "주여 저들이 하는 일을 알지 못하나이다"하며 오히려 기도해야 합니다. 중보해야 합니다. 그리고 사랑으로 품어 주어야 합니다. 그것이 우리를 통해 드러나기를 원하시는 하나님의 성품이며 그리스도의 향기입니다.

교회 안에는 신령한 영에 속한 사람뿐만 아니라 육신에 속한 사람, 죄에 속한 사람들이 공존해 있습니다. 그래서 불가피하게 영적인 충돌이 일어나는 것입니다. 이것이 교회의 현실이기도 합니다. 그러나 교회 안에 이러한 사람들이 있다할지라도 절대 비판자로, 판단자로 서지 마십시오. 내가 비판하지 않아도 하나님은 능히 가라지를 제거할 능력이 있으십니다. 그러나 하나님이 가라지를 뽑지 않는 이유는 언젠가 이들이 돌아와 온전한 신앙인으로 설 수 있는 가능성이 있기 때문입니다.

원래 우리 모두가 하나님을 대적했던 가라지였다는 것을 기억하시면 됩니다.

만약 내 주위에 이런 사람들이 있다면, 그 사람을 위해 중보하는 사람이 되십시오. 그리고 오히려 그러한 사람들이 우리 신앙 성장의 걸림

돌이 아니라 디딤돌이 되게 하십시오.

세상은 더 완악하고 완고해지며 사랑이 식어져 갑니다. 마지막 때 두드러지게 나타나는 현상이기도 합니다(마 24:12). 그러나 결국 모든 역사의 주관자는 하나님이십니다. 비록 세상이 완악해져간다 할지라도 하나님은 세상에 굴복하지 않는 성령의 사람들을 세워 하나님의 나라를 여전히 세워 나갈 것입니다. '하나님의 군대'들을 통해서 말입니다!

5장

성숙한 그리스도인의 증거
'영적 분별력'

"우리가 이것을 말하거니와 사람의 지혜가 가르친 말로 아니하고 오직 성령께서 가르치신 것으로 하니 영적인 일은 영적인 것으로 분별하느니라"(고전 2:13, 개정)

1. 성령의 사람에게 나타나는 영적 분별력

성령의 사람에게 가장 먼저 두드러지게 나타나는 현상은 무엇일까요? 그것은 다름 아닌 '영적 분별력'입니다. 이 영적 분별력은 '하나님의 것과 아닌 것을 구별하는 능력'입니다. 이러한 영적 분별력은 어떤 학습을 통해 얻어지는 것이 아니라 우리의 혼적인 생각과 마음과 육체를 쳐서 성령님께 복종시킨 사람에게서 나타나는 영적인 현상입니다.

그렇다면 이러한 영적 분별력이란 무엇일까요?

장소(환경)에 대한 분별

성령님의 근본적인 성품 중에 하나가 '분별'입니다. 죄와 구분되는 성품을 가지고 있는 것입니다. 그래서 성령의 강력한 통치를 받고 있는 사람은 성령님의 성품 때문에 자연스럽게 '영적 분별력'이 나타납니다. 이런 영적인 분별력 중의 하나가 장소나 환경에 대한 분별입니다.

성령이 충만한 사람이 악령이 충만한 장소에 가게 되면 영혼육이 괴로움을 느끼게 되는 것입니다. 때로는 구토가 나고, 어지러우며, 육체적인 아픔과, 그 장소를 떠나고 싶은 마음이 드는 것입니다. 이것은 성령님이 '이곳에 더러운 악령이 가득하니 떠나야 한다'라고 육체를 통해 사인을 주시는 것입니다. 만약 이런 영적인 신호에 민감한 사람이라면 성령님의 메시지를 감지하고 그 자리를 피할 것입니다. 그러나 혼의 작용으로 이러한 영적인 현상을 무시한다면 점차 이에 대한 면역력이 생깁니다. 영적 민감성이 무뎌지는 것입니다.

그러므로 어떤 장소에 가게 된다면 나에게 어떤 반응이 나타나는지 주목하는 훈련을 하십시오.

나는 처음에는 이러한 반응들이 성령님이 주시는 영적인 분별력중 하나라는 것을 잘 알지 못했습니다. 그러나 이것을 깨닫고 난후부터는 어느 장소에 가게 되면 육체의 반응을 살핍니다. 대부분의 장소에서 별 느낌이 없지만 간혹 어떤 장소에서는 머리가 아프거나 멍해지거나 답답함을 느낍니다. 이때 굳이 머물 장소가 아니라면 그 장소를 피합니다. 그러나 그 자리에 머물러야하는 상황이라면, 그 장소를 잡고 있는 악한 세력들을 대적합니다. 혼과 마음이 맑아지고 그 장소가 깨끗해 질 때까지 말입니다.

물이 깨끗할 때 더러운 것이 들어오면 바로 구분되듯, 우리가 성령님의 통치를 받고 있다면 악령들이 영향을 미칠 때 민감하게 반응하게 되는 것입니다. 이것이 성령님이 주시는 영적인 분별력인 것입니다.

거짓(사탄)에 대한 분별

또한 성령님의 근본적인 특징 중에 하나는 '분별의 영'이라는 것입니다. 성령 충만한 사람에게 사탄이 어떤 생각을 넣어 주었을 때 느껴지는 반응이 있습니다. 바로 '거부감'입니다. 하나님의 말씀이 아니라는 신호를 성령님이 주시는 것입니다. 그래서 그 생각을 차단하도록 하는 것입니다.

한 가지 예를 든다면, 성경은 우리에게 이웃을 사랑하라고 가르칩니다. 성령의 사람이라면 이 말씀에 순종합니다. 크건 작건 이웃에게 사랑을 실천하는 삶을 살려고 노력합니다. 그러나 때에 따라 문득 문득 이러한 생각이 떠오릅니다.

'언제까지 내가 이렇게 이웃에게 사랑을 베풀어야 하는가? 언제까지 이렇게 참고 살아야 하는가? 내가 이렇게 억울한데 이웃을 사랑하는 것이 무슨 이득이 있는가?'

이웃 사랑을 실천하다 지칠 때라든지, 섭섭할 때, 사탄이 이런 생각을 넣는 것입니다. 이때 성령의 분별력이 없는 사람이라면 사탄의 생각을 받아들여 이웃 사랑을 포기하고 자기 삶을 누리는 쪽으로 나아갑니다.

반면 성령의 사람은 이런 생각이 들어올 때 하나님의 주신 생각이 아니라 사탄이 넣어준 생각임을 분별하게 됩니다. 그러면서 이런 생각 자체에 거부감을 느끼게 됩니다.

이렇듯 성령님이 말씀을 레마로 조명해 주실 때 영적인 시원함과 감동을 느끼지만 더럽고 죄에 연관된 것에 대해서는 거부감을 느끼기는 것입니다.

말씀에 대한 분별

성령의 사람의 또 하나의 특징은 '말씀에 대한 분별'입니다. 하나님의 것들을 분별함으로 이것들을 실천하고자 하는 것입니다.

예를 들어 성령님은 '이웃을 사랑하라'는 말씀을 레마로 주십니다. 그러나 성령님이 레마를 주신다할지라도 우리가 완고한 성품을 가지고 있다면, 이 말씀은 그저 문자적인 수준으로 머물게 됩니다. 또한 어느 단계까지 다른 사람을 사랑하며 용서하며 그를 품어야 하는지 깨닫지 못합니다. 그러나 성령의 온전한 통치를 받고 있는 사람이라면 말씀이 분별됨으로 문자적인 수준에서 머무는 것이 아니라 이 말씀대로 살아가려고 애를 쓰게 되는 것입니다.

이것이 바로 믿는 자들의 성화의 과정입니다.

또 하나님은 성경을 통해 오른뺨을 맞으면 왼뺨을 돌려대라고 명령하십니다. 우리의 혼적인 영역으로는 이 말씀을 절대 감당하지 못합니다. 그러나 성령의 사람은 이 말씀이 분별되어 삶 가운데서 그것을 실천하게 됩니다. 바로 우리 안에 있는 성령께서 우리의 심령을 통해 마음과 지정의를 통해 말씀하시므로 그것에 순종함으로 '선한 행동'들로 나타나게 되는 것입니다. 이러한 행동이 진정으로 하나님이 원하시는 모습이며 이 땅 가운데 빛과 소금으로 살아가는 귀한 행동 양식인 것입니다.

성령님이 이런 말씀을 조명하여 우리에게 주심으로 우리는 이것을 분별하여 순종함으로 이 말씀들을 실천하게 되는 것입니다.

이러한 것들이 성령의 사람에게서 나타나는 기본적인 성령의 영적 분별력입니다.

2. 육에 속한 자의 영적 분별력

그렇다면 성령이 없는 육에 속한 사람에게는 어떤 분별력이 나타날까요?

이런 성령이 없는 사람에게는 영적인 분별력 자체가 없습니다. 육에 속한 사람들은 이미 환경 가운데 죄성과 악한 영들에 의해 뿜어져 나오는 오물에 영향을 받으며 살고 있기 때문에 설령 오물이 묻었다할지라도 그것을 분별하지 못하는 것입니다.

반면 성령의 사람은 성령께서 그 사람을 거룩한 성전으로 만들기 위해 청소를 하고 있음으로 악한 장소에 갔을 때 오물이 자기의 영에 번지는 것을 직감적으로 알게 됩니다.[80] 성령께서 인도하시며 분별하게 하

---

80) 물론 믿는 자라고 할지라도 매일 반복되는 생활 속에 묻는 죄성들을 회개하지 않고 거룩성과 깨끗한 삶을 유지하지 않는다면, 예수를 믿는다고 할지라도 영적 분별력의 민감성은 떨어집니다.

시는 것입니다.

신실한 그리스도인들을 보십시오. 이들은 의도적으로 악한 어둠에 속한 공간에 가지 않습니다. 만약 의도적으로든 비의도적으로든 악한 어둠의 장소에게 가게 되면 성령님이 구토나 어지러움이나 답답함 같은 육체적인 증상을 통해 사인을 주시는 것입니다. 이러한 증상을 분별한다면 성령에 속한 사람은 그 장소를 피하게 되는 것입니다. 그러나 육에 속한 사람에게는 이런 영적 분별력이 없기 때문에 아무런 육체적 증상 없이 즐길 수 있는 것입니다.

육에 속하고, 세상과 벗하고 사는 사람들은 이미 그의 옷에 잔뜩 오물이 묻어져 있기 때문에 다른 오물들이 묻더라도 제대로 구별하지 못하는 것입니다. 분별의 주체이신 성령님이 없기 때문입니다. 이 성령님이 세상의 더러운 것과 온당치 못한 것과 불의한 것들을 친히 조명해 주심으로 우리가 영적으로 분별할 수 있게 되는 것입니다.[81]

---

81) "그가 와서 죄에 대하여, 의에 대하여, 심판에 대하여 세상을 책망하시리라"(요 16:8, 개정)

3. 악령이 충만한 자의 영적 분별력

그렇다면 악령이 충만한 사람과 성령이 충만한 사람은 어떤 영적 분별력의 차이가 있을까요?

먼저 우리가 알아야 할 것은 악령이 충만한 사람이란 '양심이 화인 맞은 사람'이며, '악한 귀신에 의해 지배[82]를 받고 있는 사람'을 말합니다. 이들은 악한 영에 의해 지속적으로 양심을 공격 받았기 때문에 죄에

---

82) 귀신의 지배를 받는다고 할 때 많은 사람들은 미친 사람을 연상합니다. 그러나 이러한 현상은 굉장히 많은 귀신들이 들어가 있는 상태로 자아의 통제력이 상실되었을 때 일어나는 흔치 않은 현상입니다. 성경의 거라사의 광인과 같이 말입니다. 그러나 대부분의 귀신의 지배는 이와 반대로 일어납니다. 오히려 귀신은 우리 안에 숨어서 우리를 조종하고 지배합니다. 감정에 숨어서, 양심에 붙어서, 생각에 붙어서 우리를 통제하는 것입니다. 그러므로 악한 귀신에 의해 지배를 받는 사람일지라도 겉으로 보면 멀쩡해 보이는 것입니다.

대해 무감각하며 죄의식이 없습니다. 그러므로 악령이 충만한 자들은 그의 선한 양심에 화인을 맞았으므로 어떤 공간에 갈지라도 거부감이나 죄의식을 느끼지 않습니다. 오히려 이런 사람들은 악령이 충만한 곳에 가게 되면 반대로 그 곳에서 '편안함'을 느끼게 됩니다.

예를 들어 보겠습니다. 음란한 영이 충만한 사람은 오히려 음란한 장소에 갔을 때 평안함과 자유함을 느낍니다. 중독에 빠진 사람도 마찬가지입니다. 게임 중독에 빠진 경우 게임을 할 수 있는 장소에 있을 때 오히려 평안함과 안정감을 느끼게 됩니다. 물론 때로는 이들이 하나님의 선한 영향력의 공간 아래 머물 때는 자책감이나 좌절을 느끼기도 하지만 이런 생각이 사라질 때 또 다시 악령이 충만한 장소에 가게 됩니다. 왜냐하면 그 장소가 그 사람에게 안정감을 주기 때문입니다. 악한 영들이 이미 그 사람의 양심을 통제하며 중독의 단계로 이끌고 있기 때문에 악한 곳에서 더 평안함을 느끼는 것입니다. 그리고 악한 영들은 이런 사람들이 악한 곳에 머물 때 나오는 기운을 흡수하며 지배력을 더 확장시켜 나가는 것입니다.

그렇다면 악령이 충만한 사람이 성령이 충만한 집회에 가게 되었을 때는 어떤 반응이 나타날까요? 이때는 '분리' 현상이 일어납니다.

악령이 충만한 사람은 본인 스스로 성령이 충만한 장소를 절대 찾아가지 않습니다. 그러나 사랑하는 가족이나 이웃의 권면으로 성령이 충만한 집회에 갈 수 있습니다. 악한 어둠의 권세가 환경을 통해 가지 못하도록 저지하지만 하나님의 선한 영향력이 비춰질 때 그 사람의 결단에 의해 집회나 교회에 나오기도 하는 것입니다.

그런데 악령이 충만한 자가 성령이 충만한 집회 장소에 오면 느끼는 감정이 있습니다. '괴로운 마음'이며 그 자리를 '떠나고 싶은 마음'입니다. 성령이 충만한 자가 악령이 충만한 장소에 갔을 때 거부감을 느끼듯 동일한 감정을 느끼는 것입니다. 그 사람 안에서 역사하는 악한 영이 괴로움과 두려움에 떠는 것입니다. 성령의 임재와 통치가 빛으로서 그 사람의 혼과 영을 관통하고 있음으로 귀신들이 견디기가 어려운 것입니다. 만약 그 사람 안에서 역사하고 있던 귀신이 집을 짓고 머문 시간이 짧다면 그 귀신은 이내 떠나버릴 것입니다. 그러나 그 사람 안에서 죄의 속성과 함께 오랫동안 머물렀다면 귀신은 버티며 견딜 것입니다.

귀신은 성령이 충만한 곳에서 견딜 수 없음으로 그 사람의 혼을 자극하여 마음에 괴로움을 주면서 그 장소를 떠나도록 자극하는 것입니다. 이것이 영적인 세계에서 일어나는 일입니다. 빛이 오면 어두움이 물러나는 것입니다. 결국 귀신이 성령 충만한 장소에서 견디지 못하고 정체가 드러날 때 구역질을 하기도 하고, 기침을 하거나, 거품을 물고 넘어지기도 하고, 때로는 소리를 지르며 그 입을 통해 말을 하기도 하는 것입니다. 귀신과의 분리가 일어나는 것입니다. 하나님의 은혜가 충만하게 그 사람을 관통할 때 이러한 일들이 일어나는 것입니다. 그래서 우리는 성령이 충만한 예배 가운데서 귀신의 정체가 드러나는 현상을 간간히 목격하게 되는 것입니다. 예수님이 회당에서 말씀을 전할 때도 귀신이 드러났습니다.

> "갈릴리의 가버나움 동네에 내려오사 안식일에 가르치시매 그들이 그 가르치심에 놀라니 이는 그 말씀이 권위가 있음이러라 회당에 더러운 귀신 들린 사람이 있어 크게 소리 질러 이르되 아 나사렛 예수여 우리가 당신과 무슨 상관이 있나이까 우리를 멸하러 왔나이까 나는 당신이 누구인 줄 아노니 하나님의 거룩한 자니이다 예수께서 꾸짖어 이르시되 잠잠하고 그 사람에게서 나오라 하시니 귀신이 그 사람을 무리 중에 넘어뜨리고 나오되 그 사람은 상하지 아니한지라"(눅 4:31-35, 개정)

이렇게 성령이 충만한 장소에서는 악한 영이 자기의 정체를 드러내는 것입니다. 순간 '분리'가 일어나는 것입니다. 성령이 강하게 빛으로 조명할 때 그 순간에 분리가 일어나 어둠의 영이 정체를 드러내고 떠나갈 수 있게 되는 것입니다. 물론 악한 영의 약함과 강함의 정도에 따라 떠나갈 수도, 버틸 수도 있습니다. 그러나 그 사람이 '혼적인 의지'로 예수님을 구세주로 받아들인다면 반드시 어둠의 세력과 그 사람 사이에서는 분리가 일어나게 됩니다. 해방되고 자유함을 경험하게 되는 것입니다.

이렇듯 악령이 충만한 자가 성령이 충만한 곳에 가게 될 때 성령의 빛이 그에게 조명됨으로 더 이상 어둠의 악한 권세가 그 사람을 주장하지 못하고 분리가 일어날 수 있는 것입니다.

그러므로 우리는 각 처소, 각 교회, 처한 환경 가운데 성령의 임재가 강하게 내리는 공간을 만들어야 할 것입니다.[83] 이것은 중요한 말입니다. 우리 가정 가운데, 교회 가운데 강한 성령의 임재가 있다면 악령의 지배를 받고 있는 사람이 교회 안으로 들어올 때 그 순간 악령이 떠나가는 놀라운 역사가 일어나는 것입니다. 회개가 일어나고 눈물을 흘리며, 치유의 역사들이 일어나게 되는 것입니다.

---

83) 성령의 강한 임재는 예배와 기도를 타고 흐릅니다. 만약 어떤 교회에서 매일 예배하며 기도(최소 1시간 이상, 많은 사람들이 기도한다면 더 좋음)한다면 그 교회에서 성령의 임재가 강하게 나타날 것입니다. 가정도 마찬가지입니다. 가정에서 매일 가정 예배나 기도하고 있다면 그 가정은 성령이 임재하는 깨끗하고 거룩한 장소가 될 것입니다. 이러한 교회와 가정이 바로 음부의 권세를 이기게 되는 것입니다(마 16:18).

6장

성숙한 그리스도인들의 열매
'순종'

"여호와께서 번제와 다른 제사를 그의 목소리를 청종하는 것을 좋아하심 같이 좋아하시겠나이까 순종이 제사보다 낫고 듣는 것이 숫양의 기름보다 나으니" (삼상 15:22, 개정)

1. 순종하는 자를 통해 일하시는 하나님

하나님은 우리에게 순종을 요구하십니다.

왜 전능하신 하나님이 인간의 순종을 요구하실까요?

많은 그리스도인들이 '하나님은 전능하시기 때문에 못하실 일이 전혀 없다'라고 생각합니다. 맞는 말입니다. 그러나 한편으로는 틀린 말입니다.

하나님은 전능하신 분이십니다. 그러나 하나님은 못하시는 일이 분명히 있습니다. 예를 들어 하나님은 죄와 함께 하지 못하십니다. 왜냐하면 공의의 하나님이시기 때문입니다. 또한 할 수는 있지만 제한받는 것들이 있습니다. 그 중에 하나가 '이 땅의 통치'입니다. 하나님은 이 세상을 창조하실 때 이 땅의 통치권을 인간들에게 주심으로 그 분의 영향력을 제한하셨습니다.

> "하나님이 그들에게 복을 주시며 하나님이 그들에게 이르시되 생육하고 번성하여 땅에 충만하라, 땅을 정복하라, 바다의 물고기와 하늘의 새와 땅에 움직이는 모든 생물을 다스리라 하시니라" (창 1:28, 개정)

하나님은 이 땅에서 무엇이든 다 할 수 있으신 전능하신 분이십니다. 그러나 하나님은 인간에게 이 땅의 통치권을 주셨기 때문에 다스릴 충분한 능력이 있지만, 이 땅을 통치하기 위해서 먼저 인간의 동의가 필요하게 된 것입니다.

어떤 사람들은 말합니다.

"하나님이 전능하신데 왜 이렇게 세상에 악이 관영하느냐"

"하나님이 전능하신데 왜 아프리카에서 아이들이 굶어 죽어 가느냐"

"세상에 살인 사건이 이렇게 많이 일어나는데 하나님은 왜 가만히 계시냐"고 말입니다.

이러한 일을 다 막을 수 있는 전능하신 하나님이신데 왜 그냥 계시는 걸까요? 그것은 인간에게 '이 땅의 통치권을 넘겨주었기 때문'입니다. 하나님은 아담과 하와가 타락하기 전에 그들의 영에 하나님의 인성과 신성을 넣어 주어, 하나님이 만드신 이 땅을 아름답게 다스리도록 통치권을 주셨습니다. 인간의 자유의지를 통해 하나님의 인성과 신성을 선택하여 이 땅 가운데 그것이 나타나도록 하셨습니다. 그러나 아담과 하와가 타락하면서 죄와 악이 들어온 것입니다. 그 죄와 악이 세상에 퍼지기 시작한 것입니다. 사탄이 그 악들을 통해 영향력을 행사하기 시작한 것입니다. 그래서 세상에 악이 관영한 것입니다.

하나님이 무능해서가 아니라, 인간을 사랑하시고 신뢰함으로 통치권을 맡겼는데, 인간이 하나님을 배신하고, 선과 악이 공존한 상태에서 이 세상을 통치하기 시작한 것입니다. 결국 인간 내면의 본질적인 죄성 때문에 세상에는 악이 더 강하게 퍼지게 된 것입니다.

그러나 하나님은 여전히 이 땅이 회복되길 원하십니다. 하나님의 나라가 이 땅 가운데 임하길 원하십니다. 그렇지만 하나님은 이 땅에 대한 통치권을 인간에게 맡기셨기 때문에 통치에 제약을 받으십니다. 하나님은 전지전능하신 분이시지만 제한되시는 것입니다. 이것이 하나님의 이 땅에 대한 통치권의 한계입니다.

하지만 이러한 하나님의 한계를 풀어드리는 방법이 있습니다. 이 땅에 대한 통치권을 하나님께 내어 드리는 것입니다. 기도를 통해 우리의 통치권을 하나님께 드릴 수 있는 것입니다. 그래서 예수님은 제자들에게 이렇게 기도하라고 가르치신 것입니다.

> "나라가 임하시오며 뜻이 하늘에서 이루어진 것 같이 땅에서도 이루어지이다"(마 6:10, 개정)

하나님의 나라가 이 땅 가운데 임하시오며 그 나라가 하늘에서 통치

되는 것 같이 이 땅 가운데서도 이루어지게 해 달라고 기도하라고 하신 것입니다.

이것이 이 땅에 대한 하나님의 통치 방법입니다.

우리가 하나님의 뜻이 이 땅 가운데 이루어지도록 기도할 때 이 땅에 대한 우리의 통치권이 하나님께 내어 드려지며, 삶의 통치권을 하나님께 내어드릴 때 하나님이 우리의 삶 가운데 간섭하기 시작하는 것입니다.[84]

그리고 하나님이 이 땅 가운데서 일하실 때는 '하나님의 말씀에 순종하는 자'들을 세워 하나님의 역사를 이루어 가십니다. 하나님이 이 땅 가운데 그 분의 뜻을 이루고 싶어도 순종하며 행하는 사람이 없다면 하나님의 일이 제한되기 때문입니다. 이것이 하나님이 이 땅에 가운데서 순종하는 자를 찾으시는 이유입니다.

성경에 보면 모세의 이야기가 나옵니다.

왜 하나님이 그 많은 이스라엘 사람들 중에 모세를 뽑았을까요? 애굽에 이미 '여호수아와 갈렙'도 있었는데 굳이 미디안 골짜기까지 가서

---

[84] 하나님은 인간에게 자유의지를 주셨습니다. 사탄은 인간의 자유의지와 상관없이 강압적으로 이 땅을 지배해 나가지만, 하나님은 인격적인 분이시기 때문에 인간의 자유의지를 존중하십니다. 그래서 만약 누군가 이 자유의지를 통해 하나님을 거부한다면, 하나님도 그 사람에게 역사할 수 없습니다. 이것이 하나님의 인격성입니다. 물론 그렇다고 하나님이 포기하고 그냥 있는 것은 아닙니다. 다양한 방법을 통해 그 사람이 자유의지를 바꾸도록 노력하십니다. 환경을 조성하기도 하고, 하나님께 통치권을 드린 믿는 자들을 통해 복음을 전하기도 하십니다.

서 모세를 부르신 이유는 무엇이었을까요?

하나님이 모세를 부른 이유는 그가 '순종의 사람'이었고, '광야 전문가'[85]였기 때문입니다.

하나님이 모세를 뽑은 이유는 단연 그가 철저한 순종의 사람이었기 때문입니다. 우리는 모세가 얼마나 순종의 사람이었는지를 하나님이 모세를 부르는 사건을 통해 찾아 볼 수 있습니다.

하나님은 출애굽기 4장에서 모세를 부르십니다.

> "모세가 대답하여 이르되 그러나 그들이 나를 믿지 아니하며 내 말을 듣지 아니하고 이르기를 여호와께서 네게 나타나지 아니하셨다 하리이다 여호와께서 그에게 이르시되 네 손에 있는 것이 무엇이냐 그가 이르되 지팡이니이다 여호와께서 이르시되 그것을 땅에 던지라 하시매 곧 땅에 던지니 그것이 뱀이 된지라 모세가 뱀 앞에서 피하매 (출 4:1-3, 개정)

모세는 하나님께 자신이 애굽에 간다고 해도 이스라엘 백성들이 자신의 말을 믿지 않을 것이라고 말했습니다. 그러자 하나님이 모세에게

---

[85] 하나님은 이미 애굽에서 탈출한 이스라엘 백성들이 광야를 지날 것을 알고 계셨습니다. 그래서 이 광야에서 이끌 사람이 필요했습니다. 그 사람이 모세였습니다. 모세는 이미 40년의 광야 생활을 통해 광야 전문가가 되어 있었습니다. 그래서 이스라엘 백성들이 광야 생활에 불평 불만할 때, 모세는 이미 이러한 삶에 익숙해져 있었기 때문에 동조하지 않을 수 있었던 것입니다.

말씀하십니다.

"너의 손에 있는 것이 무엇이냐?"

"지팡이"라고 하자 그것을 "던지라" 하십니다. 그러자 지팡이가 뱀이 됩니다. 모세가 그 뱀을 보고 피합니다. 모세의 질문에 대한 하나님의 답은 여기까지만 해도 충분합니다. 이 기적만으로도 모세에게 신뢰감을 줄 수 있기 때문입니다. 그런데 하나님은 모세에게 한 마디를 더 하십니다.

> "여호와께서 모세에게 이르시되 네 손을 내밀어 그 꼬리를 잡으라 그가 손을 내밀어 그것을 잡으니 그의 손에서 지팡이가 된지라"(출 4:4, 개정)

모세는 지팡이가 뱀으로 변한 것을 보고 그 자리를 피했다고 했습니다(3절). 40년 동안의 광야 생활을 통해 광야 뱀의 독성이 얼마나 강한지 이미 알고 있었기 때문입니다. 그런데 하나님은 모세에게 뱀을 잡으라고 하십니다. 어디를 잡으라고 하셨습니까? '꼬리'를 잡으라고 하셨습니다.

하나님은 상식적으로 이해할 수 없는 요구를 지금 모세에게 하고 있는 것입니다.

모세는 40년을 광야 생활을 했습니다. 그래서 뱀을 잡을 때 어디를 잡아야 할지 이미 정확히 알고 있었습니다. 일반적으로 독이 없는 뱀의 꼬리를 잡을 경우 뱀은 도망치려고 몸부림칩니다. 그러나 독사의 꼬리를 잡게 된다면 반드시 돌아서 사람을 뭅니다. 모세가 이것을 모를 리가 없었습니다. 그런데 모세는 아무런 말도 없이 뱀의 꼬리를 잡습니다. 성경 어디를 봐도 모세가 "하나님! 뱀은 꼬리를 잡는 것이 아닙니다. 뱀은 머리를 잡아야 합니다"라고 말하며 그 말에 불순종했다는 기록이 없습니다. 오히려 하나님이 말씀하시니 피했던 자리로 다시 돌아와 뱀의 꼬리를 잡았습니다. 이것이 바로 모세의 순종입니다. 꼬리를 잡으면 물리고 어쩌면 그 맹독으로 죽을 수도, 큰 해를 당할 수도 있는 상황에서 하나님의 말씀에 순종한 것입니다. 이것이 바로 모세의 순종이었습니다.

이것이 바로 하나님이 모세를 부르신 이유인 것입니다.

하나님은 이 사건을 통해 우리에게 두 가지 메시지를 보여 주십니다.

첫 번째는 하나님은 우리의 생각이나 판단이 아닌 철저히 하나님 말씀에 순종하는 자들을 찾으신다는 것입니다.

두 번째로 하나님의 말씀이 때로는 이해되지 않더라도 그 말씀에 순종한다면 어떤 상황에서도 해를 받지 않고 오히려 그것을 복으로 바꾸어 주신다는 것입니다.

하나님은 이런 순종하는 사람들을 통해 자신의 뜻을 이뤄 가십니다. 이런 순종의 모세를 통해 애굽에 10가지 재앙을 내리셨고, 홍해를 갈랐으며, 성경을 기록하게 하신 것입니다.

하나님이 이런 순종의 사람을 찾는 이유는 간단합니다. 왜냐하면 사람의 순종이 없다면 하나님의 역사도 제한될 수 있기 때문입니다.

하나님은 지금도 이 땅의 회복을 위해 온전히 순종하는 자들을 찾으십니다. 기도의 순종자, 전도의 순종자를 찾으시며 하나님 나라와 뜻을 이 땅 가운데 이룰 순종의 종들을 찾고 계십니다.

2. 온전한 순종을 이루기 위한 영적인 원리

많은 그리스도인들이 하나님께 순종하기로 결단합니다. 그러나 자주 넘어지게 되는데 그 이유는 결단만으로는 온전한 순종을 이룰 수 없기 때문입니다.

'마음의 결단'을 통해 순종을 할 때는 그 순간에는 순종이 가능할 수 있습니다. 그러나 마음의 결단에 의한 순종은 일회성의 순종에 그치기 쉽고, 일생을 좌지우지 할 수 있는 순종의 요구 앞에서는 마음의 결단이 무력해지기 쉽습니다.

온전한 순종은 마음의 결단을 통해 이루어지는 것이 아니라, '영적인 근육들'을 강하게 함으로 '영혼으로부터' 일어나게끔 해야 합니다. 그래서 이러한 순종이 일어나게 하기 위해서는 먼저 우리의 영혼이 영의 양식을 충분히 먹고 성장해야 합니다. 예배와 기도와 말씀과 찬양을 통해 우리의 영적인 근육들이 성장되어야 합니다. 또한 내 생각, 내 감정, 내 의지, 내 육체 가운데 성령의 통치가 온전히 일어나도록 해야 합니다. 이런 상태에서 순종이 나올 때 단회적인 순종이 아니라 온전한 아름다운 순종이 나오게 되는 것입니다.

그러므로 "내가 순종하는 사람인가?"의 답을 내리기 전에, "내가 예배와 말씀과 기도와 찬양을 통해 영적인 근육들을 키우는 사람인가?"를 먼저 물어야 합니다. 왜냐하면, 예배, 말씀, 찬양, 기도의 영의 양식을 먹는 것조차 순종하지 못하는 사람은 다른 것에도 순종할 수 없기 때문입니다. 작은 것에 충성하지 못하면 큰 것에도 충성할 수 없는 것이 성경의 원리이기 때문입니다.[86]

이렇게 우리의 영적 근육들이 강해졌을 때 하나님이 기뻐하시는 순종의 단계로 나아갈 수 있습니다.

하나님이 기뻐하시는 순종에는 단계가 있습니다. '일반적인 순종'과 '결단을 필요로 하는 순종'입니다.

일반적인 순종

이 세상에 복음이 전파된 것은 분명 누군가가 복음을 전했기 때문입

---

86) "지극히 작은 것에 충성된 자는 큰 것에도 충성되고 지극히 작은 것에 불의한 자는 큰 것에도 불의하니라" (눅 16:10, 개정)

니다. 이것이 하나님이 우리에게 바라시는 일반적인 순종입니다.

하나님은 우리가 복음의 진리를 안다면 입술을 열어 복음을 전하길 기대하십니다. 이것이 우리에게 주신 '사명'이며, 또한 '행함이 있는 믿음'이기 때문입니다.

복음을 전하는 것, 이것은 믿는 모든 자에게 주신 하나님의 일반적인 순종의 사명입니다.

또한 영적인 양식을 지속적으로 우리의 영혼에 먹이는 것도 하나님이 기뻐하시는 일반적인 순종입니다. 우리가 일상 가운데 밥을 먹고, 씻고, 휴식을 취하는 것을 굳이 하나님께 묻지 않고 행하는 것처럼 하나님께서 말씀하시지 않을지라도 영의 양식을 꾸준히 내 영혼에게 먹인다면 이것 또한 하나님이 기뻐하시는 순종이 되는 것입니다.

반면 순종 가운데 이러한 일반적인 순종도 있지만, 큰 결단이 필요한 순종도 있습니다. 우리가 살아가면서 일반적인 순종을 해 나간다면, 하나님은 순종의 단계를 높여 더 큰 결단이 필요한 순종을 요구하실 수도 있습니다.[87]

---

[87] 하나님은 일반적인 순종을 하지 못하는 사람에게는 결단하는 순종을 요구하지 않으십니다. 일반적인 순종도 못하는데, 아브라함처럼 아들을 바치라는 순종을 요구할 때 오히려 시험에 빠질 수 있기 때문입니다. 그러므로 하나님은 결단을 요구하는 순종을 말씀하실 때는 이미 순종의 삶을 살고 있는 사람에게 이것을 요구하십니다. 그리고 이 결단을 요구하는 순종을 받아 들여, 믿음으로 나아가면 반드시 그에 합당한 대가를 주십니다. 30배, 60배, 100배로 말입니다. 그러나 순종을 못하게 된다 할지라도 결코 벌하시지 않으시며 그 사람의 수준에 맞는 일과 사역을 맡기심으로 그것을 감당하게 하십니다. 그러므로 결단을 요구하는 순종의 크기가 클수록, 절대적인 순종으로 반응하면 할수록 그 사람에 대한 하나님의 역사하심과 일하심은 커지며 능력과 권능은 배가됩니다.

결단을 필요로 하는 순종 그리고 사인 구하기

우리가 복음을 전한다거나 영의 양식을 먹는 정도의 일반적인 순종에도 결단이 필요하지만, 큰 결단을 요구하지는 않습니다. 그러나 일생을 좌지우지하거나, 예컨대 아프리카 밀림의 선교사로 나가고자 할 때에는 큰 결단의 순종이 필요합니다. 물론 하나님께서 이러한 순종을 요구하실 때 그 즉시 결단하며 순종하는 사람들도 있습니다. 사도 바울과 같은 사람입니다. 그러나 보통의 경우 그 즉시 이러한 큰 결단을 하는 것은 쉽지 않습니다. 보통 일반적인 사람들은 큰 결단을 필요로 하는 순종의 단계를 만나면 오히려 갈등이 일어납니다. 이것이 우리의 실상의 모습입니다. 하나님은 이러한 우리의 연약함을 아십니다. 그래서 하나님은 우리가 큰 결단이 필요할 때 그에 대한 확신을 얻기 위해 '사인을 구하는 것'을 허락하십니다. 결단에 도움을 줄 수 있는 명확한 하나님의 뜻을 알기 위한 사인을 허락하시는 것입니다. 그래서 기드온이 순종의 결단 앞에서 양털로 하나님께 사인을 구할 때 기꺼이 응답해 주셨던 것입니다.[88]

하나님은 우리를 시험하시는 분이시지만, 또한 우리에게 시험을 받

---

88) "기드온이 하나님께 여쭈되 주께서 이미 말씀하심 같이 내 손으로 이스라엘을 구원하시려거든 보소서 내가 양털 한 뭉치를 타작마당에 두리니 만일 이슬이 양털에만 있고 주변 땅은 마르면 주께서 이미 말씀하심 같이 내 손으로 이스라엘을 구원하실 줄을 내가 알겠나이다 하였더니 그대로 된지라 이튿날 기드온이 일찍이 일어나서 양털을 가져다가 그 양털에서 이슬을 짜니 물이 그릇에 가득하더라 기드온이 또 하나님께 여쭈되 주여 내게 노하지 마옵소서 내가 이번만 말하리이다 구하옵나니 내게 이번만 양털로 시험하게 하소서 원하건대 양털만 마르고 그 주변 땅에는 다 이슬이 있게 하옵소서 하였더니 그 밤에 하나님이 그대로 행하시니 곧 양털만 마르고 그 주변 땅에는 다 이슬이 있었더라"(삿 6:36-40, 개정)

으시는 분이기도 합니다. 우리의 '순종의 순도'를 알기 위해 우리를 시험하시고(창 22:1-2), 우리가 '하나님의 온전한 뜻과 순종을 위해' 구하는 사인과 시험을 기꺼이 받으시고 응답해 주시는 분이십니다(삿 6:36-40).

그러므로 우리는 하나님의 뜻을 알고 순종하기 위해 하나님께 사인을 구할 수 있습니다. 이런 사인의 결과를 통해 더 강한 확신을 가지고 순종할 수 있기 때문입니다.

이미 10년 전의 일입니다. 2003년 호주에서 아내와 함께 선교 훈련을 받고 있었습니다. 그런데 하나님께서 이 훈련이 끝나면 다시 홍콩에 있는 선교센터로 가서 훈련을 받으라는 부담감을 자꾸 주셨습니다. 그 당시 홍콩에 있는 선교센터에서 교육 받으려면 천만 원의 재정이 필요한 상황이었습니다. 불과 몇 달 과정의 훈련치고는 상당히 많은 금액이었습니다. 결단해야 하는 상황이었지만, 재정적 환경이 받쳐 주지 못했습니다. 이때 나와 아내는 하나님 앞에 금식하며 처음으로 사인을 구했습니다. 하나님의 온전한 뜻을 알고 그 뜻에 순종하고자 사인을 구한 것입니다.

아내는 아내의 방법대로, 나는 나의 방법대로 기도하며 사인을 구했습니다. 1주일 후 우리가 구했던 사인대로 하나님은 그대로 응답해 주셨습니다. 이 사인을 보고 우리는 결단하고, 하나님의 말씀에 순종했습니다. 이렇게 순종하며 나가자 하나님께서는 놀랍게도 우리에게 필요한 재정을 하나씩 하나씩 다 채워주셨습니다.

우리는 하나님의 뜻을 알고 순종의 결단을 위해 사인을 구할 수 있습니다. 만약 우리가 하나님의 뜻에 순종하기 위해 사인을 구하고 하나님을 시험한다면, 하나님은 반드시 그 사인과 시험에 응답해 주실 것입니다. 하나님은 살아 계시며 우리를 사랑하시기 때문에 반드시 응답해 주십니다.[89]

그러나 우리가 사인을 구할 때, 응답해 주지 않는 경우도 있을 수 있습니다. 바로 악한 마음으로 사인을 구할 때입니다.

'이미 마음 속에 자신이 하고 싶은 것을 정해 놓고 하나님께 사인을 구할 때'라든지, 또는 '순종하고 싶은 마음보다 회피할 목적으로 사인을 구하는 경우'입니다.

어떤 사람들은 이미 마음속에 자기가 원하는 것을 정해 놓고 하나님께 사인을 구합니다. 자기가 원하는 사인이 나온다면 결단하며 순종하겠다는 마음으로 말입니다.

또 어떤 경우는 하나님의 뜻을 명확히 아는 데도, 감동대로 하려면 버려야 할 것과 잃어야 할 손해가 많기 때문에 주저함으로 하나님께 사인을 구하기도 합니다. 이러한 것은 사인을 구하는 것이 아니라 그 마

---

[89] 기드온도 군대를 일으키기 전에 하나님께 사인을 구했습니다. '양털 사인'입니다. 전쟁에 앞서 하나님의 뜻을 알기 위해 사인을 구한 것입니다. 그 마음 가운데 하나님보다 앞서 나가지 않기 위하여 하나님의 뜻을 먼저 물은 것입니다. 이러한 기드온의 사인은 하나님의 온전한 뜻을 더 확실히 듣기 위하여 구하는 사인입니다. 우리가 이런 사인을 구하며 하나님을 시험할 때, 하나님은 우리에게 확고한 믿음을 주기 위하여, 순종의 결단을 돕기 위하여 기꺼이 사인에 응답해 주십니다.

음에 순종하는 마음이 없이 하나님을 시험하는 것입니다.

이러한 사인을 하나님은 기뻐하지 않으십니다. 하나님은 이미 우리의 영과 심령을 꿰뚫어 보시는 분이십니다. 내 생각과 환경과 상황을 고려한 후에 하는 순종을 하나님은 기뻐하지 않으십니다. 우리가 하나님께 사인을 구할 때는 나의 기대와 바램을 내려놓은 상태에서 사인을 구해야 합니다. 내가 원치 않더라도 하나님이 원하신다면 기꺼이 순종하겠다는 마음의 바탕위에서 사인을 구해야 합니다.

하나님이 기뻐하시는 순종은 하나님의 말씀을 듣고 '즉각적으로 결단하는 순종'입니다. 비록 그 순종이 광야로 이끄는 것이라 할지라도, 광야에서 샘물이 나게 하실 수 있는 하나님을 의지하며(시 107:35), 만나와 메추라기를 통해서라도 먹일 수 있는 하나님을 신뢰하며(출 16:13-15) 온전히 그 분을 따르는 것이 하나님을 기쁘시게 하는 순종인 것입니다.

우리가 하나님의 뜻이 어떤 것인지 명확하지 않을 때 하나님의 사인을 구하는 것은 아름다운 것입니다. 그 사인의 결과가 어떠하든 하나님의 뜻에 따라 결단하는 순종을 하나님은 기쁘게 보십니다. 이런 마음으로 사인을 구한다면 하나님은 말씀을 통해, 환경을 통해, 모든 만물을 통해서라도 반드시 하나님의 뜻을 계시해 주십니다.

하나님은 우리에게 순종을 요구하십니다.
순종하는 사람을 통해 하나님의 나라를 확장해 가시기 때문입니다.

만약 하나님이 우리 가운데 결단을 필요로 하는 순종을 요구하지 않는 다면, '일반적인 순종' 앞에 순종하는 삶을 사십시오. 그런데 만약 하나 님이 나에게 어떤 결단을 요구하는 순종을 요구하신다면, 또 그것이 명 확하다면 그 말씀에 즉각 순종하십시오. 그러나 여러 가지 이유 때문에 결단의 확신이 생기지 않는다면, 하나님의 뜻을 묻는 사인을 구하십시 오. 그 결과가 어떻게 나오든 하나님의 뜻에 순복하겠다는 마음으로 사인을 구하십시오. 그러면 하나님은 반드시 그 기도에 응답해 주십니 다. 그리고 비록 이 길이 처음에는 좁은 길로 가는 길일지라도, 하나님 이 인도하시는 길이므로 반드시 형통의 길로 인도해 주실 것입니다. 요 셉에게 있어 노예와 감옥은 좁은 십자가의 길이었지만, 하나님에게는 총리로 세우는 가장 빠른 길이었던 것처럼 말입니다.

영적 성장이 순종을 통해 이루어진다는 것을 기억해야 합니다. 교회 를 오래 다닌다고, 성경을 많이 안다고, 성경공부를 많이 했다고 해서 영적으로 성장하는 것이 아닙니다.

영적 성장은 '믿음으로 결단할 때' 일어납니다. 또한 '믿음으로 순종 할 때' 역사가 일어납니다. 하나님은 이러한 사람들을 통해 하나님의 나라의 역사를 이루어 가십니다. 이것이 바로 성경의 기록인 것입니다. 만약 우리가 성경의 인물들처럼 우리가 결단하는 순종으로 나간다면 하나님은 이러한 사람들을 통해 하나님 나라를 이 땅 가운데서 이루어 나가실 것입니다. 아멘!

에필로그

"이제 여호와께서 이렇게 말씀하셨다. "야곱 백성아, 내가 너희를 창조하였다. 이스라엘 백성아, 내가 너희를 만들었다. 내가 너희를 구원하였으니 두려워하지 마라. 내가 너희 이름을 불렀으니 너희는 내 것이다. 너희가 물 가운데로 지날 때에 내가 너희와 함께하겠다. 너희가 강을 건널 때에 물이 너희를 덮치지 못할 것이며, 불 사이로 지날 때에도 타지 않을 것이고, 불꽃이 너희를 해치지 못할 것이다."(사 43:1-2, 쉬운)

나는 하나님을 원망하고, 살아 계신지 의심한 적이 종종 있습니다. 그러나 하나님은 그 순간에도 '너는 내 것이라' 말씀해 주셨습니다. 또한 하나님은 '나와 함께' 해 주셨습니다.

믿음의 갈등과 혼돈을 지나 예수 그리스도 앞에 다시 섰을 때 하나님께서 예수님을 통해 권세를 주신 것도 알게 되었습니다. 그 권세를 사용하게 하셨고, 이기게 하셨고, 강하게 하셨습니다. 내가 불 사이로 지날 때도 타지 않게 하셨고 불꽃이 해지지 못하게 하셨습니다.

주님은 말씀하셨습니다.
"내 백성들이 내 마음을 알았으면 좋겠다. 내가 얼마나 내 백성을 사랑하는지, 내가 얼마나 많은 것들을 내 백성에게 주고 싶어하는지…"
주님은 믿는 자들에게 성령님을 보내 주셨습니다. 권세도 주셨습니다. 능력도 주셨습니다.
하나님은 이러한 것들을 예수 그리스도 통해 사용하길 원하십니다. 도와 주시겠다고 하십니다.
예수 그리스도 이름을 의지하여 도전하십시오. 싸우십시오. 정복하십시오.
하나님은 모든 믿는 자들이 주어진 권세로 영적 세계를 정복하길 간절히 바라십니다.